**um novo jeito
de pensar
o futuro**

YANCEY STRICKLER

um novo jeito de pensar o futuro

Como enxergar além da
maximização financeira e buscar
um mundo mais generoso

Tradução
Rodrigo Leite

Benvirá

Copyright © 2019 by Yancey Strickler

Título original: *This Could be Our Future – A Manifesto for a More Generous World*

Todos os direitos reservados, incluindo o direito de reprodução no todo ou em partes, de qualquer forma. Esta edição foi publicada mediante acordo com a Viking, um selo do Penguin Publishing Group, uma divisão da Penguin Random House LLC.

Preparação Tulio Kawata
Revisão Maurício Katayama
Diagramação Caio Cardoso
Capa Deborah Mattos
Ilustração de capa iStock/GettyImagesPlus/Kateryna Kovarzh
Imagens p. 73: cortesia de Tim Rohan e Stan Connors; p. 92: a capa da edição de out. 2015 da Harvard Business Review foi reimpressa com permissão da Harvard Business Publishing; p. 125: cortesia de Kohei Nishida; as imagens do bentoísmo e do bentô foram criadas por Yancey Strickler com apoio de Laurel Schwulst no design. Todas as demais imagens são cortesia do autor.
Impressão e acabamento Edições Loyola

Dados Internacionais de Catalogação na Publicação (CIP)
Angélica Ilacqua CRB-8/7057

Strickler, Yancey
    Um novo jeito de pensar o futuro : como enxergar além da maximização financeira e buscar um mundo mais generoso / Yancey Strickler ; tradução de Rodrigo Leite. – São Paulo : Benvirá, 2020.
    256 p.

    ISBN 978-85-5717-362-0
    Bibliografia
    Título original: *This Could Be Our Future – A Manifesto for a More Generous World*

    1. Valores sociais 2. Economia - Aspectos sociais 3. Ocidente - Crescimento econômico - Aspectos sociais 4. Capitalismo - Aspectos sociais 5. Distribuição de renda 6. Sustentabilidade I. Título II. Leite, Rodrigo

	CDD 306.0978
20-1519	CDU 304.9

Índice para catálogo sistemático:
    1. Valores sociais : Economia

1ª edição, abril de 2020

Nenhuma parte desta publicação poderá ser reproduzida por qualquer meio ou forma sem a prévia autorização da Saraiva Educação. A violação dos direitos autorais é crime estabelecido na lei nº 9.610/98 e punido pelo artigo 184 do Código Penal.

Todos os direitos reservados à Benvirá, um selo da Saraiva Educação.
Av. Paulista, 901, 3º andar
Bela Vista – São Paulo – SP – CEP: 01311-100

SAC: sac.sets@somoseducacao.com.br

CÓDIGO DA OBRA | 703164 | CL | 670926 | CAE | 726755

*Para Koji e todos os
demais do Nós Futuro*

Sumário

Introdução 9

Parte I 17

1 | Uma ideia simples 19

2 | Proibido virar à esquerda 31

3 | Por que tudo é igual 47

4 | A economia do mullet 65

5 | A armadilha 91

Parte II 107

6 | O que é realmente valioso? 109

7 | Bentoísmo 123

8 | Adele sai em turnê 147

9 | Como fazer uma parada de mão perfeita 167

10 | A classe maximizadora de valores 181

Agradecimentos 209

Apêndice 215

Notas 227

Introdução

Tudo começou com uma manchete de jornal.

Era outono. Eu caminhava por Nova York com minha esposa e meu filho. Vi pelo canto do olho.

"ELP será uma força de nível mundial até 2050", dizia a capa do *China Daily*. Sob a manchete havia uma foto do presidente Xi Jinping e uma fila de soldados do Exército de Libertação Popular.

O ano se destacava: 2050. Distante, mas não tão distante. Dali a 33 anos. *Provavelmente ainda estarei vivo.*

Então um pensamento me ocorreu. Enquanto a China planejava 2050, meu próprio país, os Estados Unidos, não conseguia chegar a um acordo sobre pagar ou não as contas daquele mês.

Onde deveríamos estar em 2050?

Eu não conseguia parar de pensar nisso.

***

O livro que você tem em mãos é uma resposta a essa pergunta. Não *a* resposta, e sim *uma* resposta. Mas, antes de chegarmos a 2050, primeiro precisamos saber onde estamos agora.

O mundo hoje é dominado por uma ideia que chamo de "maximização financeira". A crença de que, em qualquer decisão, a escolha certa é a opção que gerar mais dinheiro. Essa é a configuração-padrão que conduz grande parte do mundo.

Nas empresas, na economia e nas finanças, a importância do crescimento financeiro é o que há de mais fundamental. O único objetivo de ter dinheiro é ganhar mais dinheiro.

Mas a força da maximização financeira que surgiu nas últimas décadas é algo diferente. É maior e mais poderosa do que antes. O empenho em obter a maximização financeira passou a dominar muitas de nossas organizações, instituições e até nossos sonhos. O dinheiro está se tornando tudo o que importa.

Michael Lewis, autor de *Moneyball* e *A jogada do século*, escreveu também um livro chamado *O jogo da mentira*, sobre sua experiência profissional em Wall Street bem na época em que a maximização financeira decolou, na década de 1980. Lewis escreve que seus colegas do mercado "pressupõem que qualquer coisa que lhes permita enriquecer também será boa para o mundo". Não importava se suas ações geravam empregos ou os destruíam. O que importava era que eles estavam ganhando muito dinheiro fazendo isso.

Foi isso que a maximização financeira causou em escala maciça à sociedade. Ela nos convenceu de que, em qualquer decisão, a escolha correta é a opção que rende mais dinheiro, sem nenhum conceito de "bom" ou "ruim" por trás disso. Bom e ruim são conceitos irracionais demais para o pensamento desse Exterminador do Futuro que é a maximização financeira. Para ela, só importa se há "menos" ou "mais". E ela sempre quer mais.

À medida que a maximização financeira cresceu, sua influência transbordou do leito habitual das finanças. Numa crescente variedade de áreas, somos cada vez mais programados a acreditar que a resposta certa é a que gera o maior retorno financeiro. Outros valores vêm em segundo lugar, ou nem aparecem.

O foco no crescimento financeiro não está errado. Sem segurança financeira, a vida útil de pessoas e organizações diminui. E isso é ruim. Dinheiro é importante. Só não é a única forma de valor que devemos proteger e cultivar.

Caímos na armadilha da maximização financeira por causa de três premissas: (1) que o objetivo da vida é maximizar a riqueza financeira, (2) que somos indivíduos presos em um mundo hostil, e (3) que essa situação é inevitável e eterna.

Vemos essas ideias como verdades. Não são. São ideias que as gerações anteriores propuseram e aceitaram. São premissas que nos separam, nos mantêm impotentes e limitam nossa imaginação em relação ao futuro. São ideias que devemos reexaminar se quisermos ir a algum lugar novo.

***

Este livro trata de uma ideia simples.

Que um mundo de escassez pode se tornar um mundo de abundância se aceitarmos uma definição mais ampla de valor.

Reconhecemos que há muitas coisas valiosas na vida – o amor, a comunidade, a segurança, o conhecimento e a fé, para citar apenas algumas. Mas permitimos que apenas um valor – o dinheiro – domine todo o resto. Nosso potencial para uma sociedade mais generosa, moral ou justa é limitado pelo domínio do dinheiro como princípio e fim. Ele estabelece um teto para o que podemos ser.

Até muito recentemente, conversas como essa estavam restritas às margens da sociedade. Mas, nos últimos anos, elas se tornaram mais visíveis. Em 2019, o apresentador Tucker Carlson, da Fox News, questionou incisivamente a maximização financeira durante um monólogo de quinze minutos em seu programa no horário nobre. Ele disse:

> Em algum momento, Donald Trump terá ido embora. O resto de nós também. O país permanecerá. Que tipo de país será então? Como queremos que nossos netos vivam? Essas são as únicas perguntas que importam.
>
> A resposta costumava ser óbvia. O objetivo primordial dos Estados Unidos era mais prosperidade, o que significava bens de consumo mais

Introdução   11

baratos. Mas isso ainda é verdade? Alguém ainda acredita que iPhones mais baratos ou mais encomendas de lixo plástico da China via Amazon vão nos fazer felizes? Até agora não fizeram. Muitos americanos estão se afogando em coisas. E, no entanto, a dependência de drogas e o suicídio estão despovoando grande parte do país. Quem acha que a saúde de uma nação pode ser resumida no seu PIB é um idiota [...]

Somos governados por mercenários que não sentem nenhuma obrigação de longo prazo para com as pessoas que governam. São operadores de curtíssimo prazo. Professores substitutos. Estão só de passagem. A pele deles não está em jogo, e dá para notar. Eles são incapazes de resolver nossos problemas. Eles nem se preocupam em entender nossos problemas [...]

Para nossa classe dominante, mais bancos de investimento são sempre a resposta. Eles nos ensinam que é mais virtuoso dedicar a vida a alguma corporação sem alma do que criar nossos próprios filhos [...]

O capitalismo de mercado não é uma religião. O capitalismo de mercado é uma ferramenta, como um grampeador ou uma torradeira. É preciso ser um idiota para venerá-lo. Nosso sistema foi criado por seres humanos para o benefício dos seres humanos. Não existimos para atender aos mercados. Pelo contrário. Qualquer sistema econômico que enfraqueça e destrua famílias não vale a pena. Um sistema como esse é o inimigo de uma sociedade saudável.

Em todo o espectro político, as pessoas sentem que a maximização financeira nos tirou do rumo.

Este livro propõe o que devemos fazer: ampliar nossa ideia de valor, de modo a acabar com o reinado da maximização financeira como principal motor da atividade humana.

O objetivo não é se livrar do dinheiro. Não é erradicar a ganância. Também não é ser contra o lucro. O objetivo é um mundo onde valores como comunidade, conhecimento, propósito, justiça, segurança, tradição e as necessidades do futuro também tenham uma influência racional nas decisões importantes e cotidianas que encaramos. Não só qual opção rende mais dinheiro.

Acredito que esse futuro seja possível. E acredito que ele pode chegar mais rápido do que pensamos. Até 2050, poderemos expandir nossa ideia de valor racional além da maximização financeira e gerar valor de novas maneiras.

O ano de 2050 é mais do que um número redondo em uma manchete de jornal. É daqui a uma geração. A trinta anos do presente momento. Trinta anos é a escala de tempo correta para pensar em mudanças significativas.

Trinta anos foi o tempo que a internet levou para ser criada. Trinta anos foi o tempo que demorou até que o exercício físico deixasse de ser algo restrito a academias de ginástica e escolas de ioga e estivesse em praticamente toda parte. Trinta anos foi o tempo necessário para que a maioria da população parasse de fumar. A lei dos juros compostos diz que pequenas mudanças, acumulando-se ano após ano, ganham impulso à medida que crescem.

Daqui a trinta anos – em 2050 –, pela primeira vez a sociedade será liderada pelas gerações millennial e Z. Dois grupos notáveis em vários aspectos, inclusive por serem os primeiros a crescer com a internet. Essas gerações mostram uma forte insatisfação com o mundo que estão herdando. Segundo uma pesquisa de 2014 do Instituto de Política de Harvard, apenas 19% dos americanos de 19 a 29 anos se autodeclaravam capitalistas, e menos da metade afirmou apoiar o capitalismo.

As pessoas dessas gerações têm uma tremenda oportunidade – eu diria até responsabilidade – de pensar cuidadosamente sobre aonde elas querem nos levar. Trinta anos não é tanto. Chegará mais rápido do que pensamos.

Três séculos atrás, as pessoas viviam como aristocratas ou súditos. A ideia de uma pessoa como indivíduo dotado de direitos era como o carro autônomo de 2016: legal na teoria, mas longe da realidade cotidiana. A ideia de que os ricos compartilhariam o poder deliberadamente

Introdução   13

era impensável. Era preciso pedir autorização à Câmara dos Lordes para abrir uma empresa. Esperava-se que as crianças cumprissem longas jornadas de trabalho árduo.

Em seguida, desenvolveram-se e difundiram-se novas ideias a respeito de como o mundo poderia funcionar. A Declaração de Independência dos Estados Unidos, a Revolução Francesa, Adam Smith, Karl Marx, os Beatles, o hip-hop e *Jornada nas estrelas: a nova geração* aconteceram em um piscar de olhos. Era um mundo muito diferente, e não faz muito tempo.

Aonde as gerações de 2050 deveriam nos levar? Acredito que expandir nossa definição de valor seja o objetivo a ser trabalhado.

Existe um potencial ilimitado para aumentar a quantidade de justiça, maestria, propósito, comunidade, conhecimento, família, fé, tradição e sustentabilidade em nosso mundo se aceitarmos uma ideia mais ampla de valor. As habilidades e ferramentas que desenvolvemos para o crescimento financeiro podem ser usadas de forma a sustentar e proteger um espectro de valores mais amplo. Esse é o caminho evolutivo que nos permite continuar crescendo sem destruir tudo.

***

Quem sou eu para falar tudo isso?

Já chegaremos à minha história. Mas você precisa saber que não sou economista nem historiador. Sou leigo em muitas das áreas que exploraremos. Este livro não tenta expressar uma tese jurídica irrefutável. Como diz o título, o livro é um manifesto. É a defesa de uma nova maneira de ver, baseada em dados, em fatos históricos e em experiências pessoais.

O livro se divide em duas partes.

A primeira metade explora como chegamos até aqui, incluindo as origens da maximização financeira e como ela reformulou nossos bairros, nossa política e até os filmes e o shopping center.

A segunda metade propõe uma nova maneira de pensar no valor. Explico como a pop star Adele, a vacina tríplice e a história da medicina demonstram o que ocorre quando descobrimos novas abordagens para o valor. E como uma marmita japonesa pode ser o segredo para nossa fuga. Depois do último capítulo, um Apêndice e uma ampla seção de Notas aprofundam as ideias e os processos mentais por trás do livro, fornecem fontes para os dados e cifras mencionados e compartilham uma lista de leituras e próximos passos.

Minha principal esperança em relação a este livro é que alguém – talvez você – ache que vale a pena se engajar nestas ideias e aprimorá-las. E que, a partir dessa colaboração entre as suas ideias, as minhas e os muitos ombros sobre os quais essas ideias se sustentam, um modo de vida melhor se torne possível, e as futuras gerações vivam num mundo onde o valor seja mais bem compreendido.

Esta é uma ideia grande. Mas até o final do livro espero convencer você de que também é uma ideia viável. Se você tem um norte, é incrível até onde consegue chegar.

PARTE I

Uma ideia simples

Os narradores carregam sua própria história. Convém que você também conheça a minha desde o início.

Nasci em 1978 no sudoeste do estado da Virgínia. Minha mãe era secretária numa faculdade local. Meu pai viajava vendendo colchões d'água e era músico.

Quando eu tinha 3 anos, eles se divorciaram. Minha mãe se casou novamente alguns anos depois. Ela e eu nos mudamos para uma fazenda em um lugar próximo, chamado Clover Hollow. Foi lá que cresci.

Minha mãe, meu padrasto e eu éramos cristãos evangélicos. Frequentávamos igrejas onde as pessoas dançavam nos corredores e falavam em línguas. Nossos pastores pregavam sobre viver a serviço de Deus, sobre amar ao próximo e sobre a maldade do mundo ao nosso redor. Até o sexto ano, frequentei um colégio cristão onde aulas sobre a Bíblia eram parte diária do programa escolar.

Naquela região, a maioria das pessoas era assim. No entanto, eu não me encaixava. Não jogava futebol americano. Fui um dos poucos garotos a irem para a escola no primeiro dia da temporada de caça. Sofri bullying. No ônibus escolar, os meninos colocavam chiclete no meu cabelo, atiravam latas de refrigerante, cuspiam tabaco de mascar em mim. Eu recebia tantos insultos homofóbicos que até me perguntava se era gay e não sabia. Foram anos difíceis.

Mas eu era ambicioso. Meu sonho era ser escritor. Depois de me formar na faculdade, me mudei para Nova York e fui correr atrás disso. Economizei 2.500 dólares trabalhando como recepcionista de um hotel de estrada e fazendo suporte técnico na minha escola.

E, de alguma forma, eu consegui. Arranjei um trabalho mal remunerado, mas excelente, no qual transformava notícias de jornal em pílulas para emissoras de rádio, até que fui demitido (falarei mais a respeito disso depois). Recebi meu primeiro pagamento por escrever: 75 dólares pela resenha de um disco no *The Village Voice*. Eu estava longe de ser o melhor crítico musical, ou o mais conhecido, mas conquistei um nicho de mercado por quase uma década. Meu sonho tinha virado realidade.

Aí o Kickstarter aconteceu.

Perry Chen teve a ideia do Kickstarter no final de 2001 ou no começo de 2002. Viríamos a nos conhecer em 2005 em Nova York, e rapidamente ficamos amigos. Logo Perry me contou sobre sua ideia: um site em que as pessoas pudessem pedir apoio financeiro do público para suas ideias. Como um mecenato, com a diferença de que o dinheiro viria de pessoas na internet, e não de papas do século 16 ou de tios ricos. E com um detalhe: se os projetos não atingissem sua meta de financiamento dentro de determinado prazo, nenhum dinheiro mudaria de mãos.

Lembro que, de início, não gostei. Eu disse a Perry que aquilo parecia o *American Idol*. No entanto, após conversarmos mais a respeito, embarquei no projeto. Perry era o CEO, eu era o cofundador e diretor da nossa comunidade e Charles Adler ingressou pouco depois como cofundador e diretor de design. Nós três e muitas outras pessoas trabalhamos com afinco para criar o Kickstarter e colocá-lo no mundo.

No momento em que escrevo isto, bilhões de dólares já foram colocados nas mãos de pessoas criativas através do Kickstarter desde o seu lançamento, em 2009. Mais de 100 mil novas ideias existem graças a ele. Obras públicas de Ai Weiwei, filmes ganhadores do Oscar, álbuns premiados com o Grammy, novos campos tecnológicos e milhares de livros, obras de arte e outros projetos criativos são apenas algumas das coisas criadas por intermédio do Kickstarter.

O Kickstarter é uma ferramenta mundialmente reconhecida, mas quase tudo nesse projeto sempre foi muito atípico. Desde o início, focamos exclusivamente em ajudar projetos criativos a ganhar vida. Não queríamos ser tudo para todo mundo. O objetivo era fazer algo que importasse, e algo para o longo prazo. Dissemos publicamente que nunca venderíamos a empresa nem abriríamos seu capital. Faríamos o que fosse melhor para a missão do Kickstarter, em vez de usá-lo para fazer o que fosse melhor para nós.

Ao contrário das empresas do Vale do Silício, que queimam pilhas de dinheiro, permanecemos pequenos e vivendo conforme nossos meios. O Kickstarter começou a operar lucrativamente em seu 14º mês de atividade. Pouco mais de cem pessoas trabalham na sede do Kickstarter, uma antiga fábrica de lápis no Brooklyn, que a empresa comprou anos atrás. O Kickstarter não tem nem que pagar aluguel.

Foi esse mesmo espírito independente que levou o Kickstarter a se tornar uma corporação de benefício público (PBC, na sigla em inglês). Uma PBC é uma empresa com fins lucrativos, mas legalmente comprometida com um equilíbrio entre os interesses dos acionistas e a geração de benefícios para a sociedade. Isso se deu em 2015, e estabelecemos explicitamente padrões mais elevados para nossa conduta e impacto. O Kickstarter e a Patagonia são duas das empresas mais conhecidas a terem feito essa conversão.

O Kickstarter também inspirou o setor do financiamento coletivo como um todo. Embora não tenhamos sido os primeiros a lançar um site desse tipo, a aparência, a experiência e as funcionalidades do crowdfunding são todas baseadas no Kickstarter. Grande parte da captação de recursos políticos on-line, também. (Foi mal.)

O financiamento coletivo é uma daquelas ideias que hoje parecem óbvias. Grupos de pessoas que juntam pequenas quantias para criar uma ação coletiva. Parece tão natural quanto o ar.

Não era. A ideia de que as pessoas possam dar dinheiro a outras só porque alguém pediu soa totalmente normal hoje em dia, mas parecia muito estranho quando começamos a contar às pessoas sobre isso, mais de uma década atrás.

Lembro-me de reuniões com potenciais investidores, criadores e outros indivíduos que esperávamos que se conectassem à ideia. Muita gente aderiu. Outros rejeitaram logo de cara. "Ninguém vai dar dinheiro a um estranho", diziam. "O mundo não funciona assim."

Essas pessoas nos diziam que o Kickstarter deveria funcionar mais como um investimento: "Trate de me dar alguma vantagem financeira nos projetos. É assim que o mundo real funciona".

Era exatamente esse mundo que eu queria mudar. Queria me libertar do universo onde uma ideia justifica sua existência com base em quanto dinheiro renderá a alguém. Era limitador demais!

Essa falta de consideração por "como o mundo real funciona" nos permitiu pensar um passo além de como as coisas eram. Ofereceu-nos um espectro mais amplo acerca do que seria possível.

Dez anos depois, bilhões de dólares mudaram de mãos e dezenas de milhões de pessoas experimentaram o crowdfunding exatamente da maneira como ele foi imaginado, através do Kickstarter, do GoFundMe e outros. Uma economia totalmente nova, baseada na generosidade das pessoas que apoiam um ser humano ou uma ideia.

A forma como o *status quo* enxergava o possível era muito limitada. Muitas vezes é.

***

O financiamento coletivo está longe de ser a única coisa feita pelo ser humano que consideramos natural.

O aspecto de um piano, o fato de bebermos suco de laranja no café da manhã, o formato das letras que você está lendo agora. Não podemos imaginar o mundo sem essas coisas. Pensamos que elas "são assim mesmo". Mas todos eles são conceitos que foram concebidos algum dia por alguém como você ou eu.

Fui criado acreditando em um mundo ordenado, onde as coisas fazem sentido. Não há razão para se preocupar. A história é lógica. Quem está no comando sabe o que está acontecendo. Tudo vai ficar bem.

Todos nós ainda acreditamos em alguma versão disso. Mas não é verdade.

A verdade é que tudo é inventado. Da mesma forma como o Kickstarter foi inventado. Algumas pessoas pensam em alguma coisa e tentam fazê-la existir. Se outras pessoas começarem a acreditar nessa nova ideia, ela se tornará real.

Você sabia que o "toca aqui" (em inglês, *high five*) foi inventado em 1977, no meio de um jogo de beisebol?

> Era um momento alucinante, triunfal [...] [Glenn] Burke, esperando sua vez de rebater, levantou a mão com entusiasmo sobre a cabeça para cumprimentar seu amigo que estava no *home plate*. [Dusty] Baker, sem saber o que fazer, deu um tapinha nela. "A mão estava erguida no ar e ele estava se curvando para trás", diz Baker [...] "Então me estiquei e bati na mão dele. Parecia a coisa certa a se fazer."

Ouve-se muito esta frase quando se trata de novas ideias: "Parecia a coisa certa a se fazer". Se outras pessoas concordam – como no caso do *high five* –, isso vira Uma Grande Coisa. Sem um conselho consultivo que dê o sinal verde. Sem carimbo de aprovação. Sem um design grandioso. Simplesmente acontece.

A verdade é que existe pouca ordem. O *status quo* persiste porque as pessoas continuam acordando e acreditando nessas ideias todos os dias. Ou, de tão arraigadas, já nem as reconhecemos mais como ideias.

Isso é ao mesmo tempo óbvio e difícil de enfiar na cabeça. Ou pelo menos para mim foi. Eu sabia de tudo isso objetivamente, mas, durante a maior parte da vida, não entendia de fato.

Então aconteceu o Kickstarter. Eu, um sujeito comum de uma fazenda no interior da Virgínia, estava reverberando pelo mundo. Isso me mostrou que as coisas são bem mais frágeis do que me ensinaram a acreditar.

Quando comecei a ver o mundo desse jeito, não consegui mais deixar de vê-lo assim.

***

Em 2015, fui convidado para dar uma palestra na Web Summit, uma grande conferência tecnológica em Dublin, na Irlanda. Dezenas de milhares de pessoas estariam lá. Eu queria fazer a diferença.

Na minha fala, compartilhei as primeiras sementes dessa ideia. Que um pequeno segmento de nossa sociedade estava usando nossos filmes, nossas músicas, nossos bairros, nosso tudo, enfim, como uma carteira de investimentos. Nosso mundo havia sido dominado por uma insaciável necessidade de que o dinheiro gere mais dinheiro.

Eu tive vinte minutos para tentar convencer uma plateia de milhares de profissionais da tecnologia a repensar a maneira como operamos. Não podemos aceitar a inevitabilidade do que está acontecendo. Temos que encontrar uma saída. Propus dar as costas a essas forças e criar um novo caminho. Usei o Kickstarter como um exemplo disso. Mantivemos nosso idealismo e independência ao não maximizá-lo financeiramente. Se as empresas estivessem dispostas a fazer escolhas diferentes, também conseguiriam.

Normalmente eu subia ao palco para vender a ideia de que as pessoas deveriam usar o Kickstarter. Mas e agora, o que eu estava vendendo (ou *não* vendendo)? Quem iria querer comprar isso? Não se espera que você diga esse tipo de coisa.

Eu nunca estive tão nervoso ao dar uma palestra quanto nesse dia. Porém, mais forte que meus medos era a convicção de que essas ideias teriam mais importância se eu, como CEO de uma empresa conhecida, usasse meu tempo de exposição para dizer isso. O que era assustador para mim era justamente o que tornaria aquilo significativo para os outros.

Depois, conheci pessoas da plateia que tinham ficado emocionadas ao ouvir alguém articular aquelas ideias. Isso me incentivou a compartilhá-las ainda mais. Em conversas com o público em Barcelona, Berlim, Londres, Cidade do México, Noruega, Seul, Tóquio, Nova York, Orlando, Chicago e Jackson (Mississippi). Em cada um desses auditórios, descobri um anseio semelhante por uma nova maneira de pensar o futuro.

***

O Kickstarter me ofereceu uma oportunidade ímpar de observar como as ideias funcionam – tanto através da experiência de cofundar a plataforma como vendo milhares de ideias ganharem vida através dela.

Quando começamos a falar no Kickstarter, não havia um site ao qual direcionar as pessoas. Faltavam anos para que o termo crowdfunding ficasse conhecido. Usando apenas palavras, tínhamos que descrever a ideia de uma forma que as pessoas entendessem e se empolgassem.

Não foi fácil. Lembre-se de que nem eu gostei da ideia na primeira vez que a ouvi. Mas, quanto mais você fala sobre algo, mais aprende o que funciona e o que não funciona. Com a prática e a repetição, aprendemos a falar sobre o Kickstarter de um jeito com o qual as pessoas se identificavam.

Mais tarde, tornei-me capaz até de dizer em que momento a pessoa parava de me escutar. "Ah, não, eu o perdi", pensava eu, observando o olhar distante de meu interlocutor enquanto eu tentava explicar a ideia. Eu anotava mentalmente que precisava encontrar uma maneira melhor de dizer no futuro o que eu havia acabado de dizer, e mudava de assunto para recuperar a atenção da pessoa.

Às vezes, essas conversas eram com céticos, como com os potenciais investidores que tinham interesse financeiro nos projetos. Mas também teve muita gente que acreditou desde o começo. Nossos amigos criativos entenderam especialmente bem. Eles vivenciavam o problema que o Kickstarter foi criado para resolver. Sabiam em primeira mão como eram limitados os caminhos para o financiamento. Não por acaso, alguns dos primeiros investidores do Kickstarter vieram do mundo criativo.

No dia seguinte ao lançamento do Kickstarter, em 2009, publiquei num blog o seguinte texto, intitulado "Por que o Kickstarter?":

Os Beatles foram rejeitados por quase todas as gravadoras. George Lucas não conseguia encontrar um estúdio que fizesse *Star Wars*. Bob Woodward e Carl Bernstein, do *The Washington Post*, foram os dois únicos repórteres designados para cobrir o Watergate. Quando John Kennedy Toole foi para o túmulo, seu *Uma confraria de tolos* ainda era inédito.

Histórias como essas viraram folclore, assim como suas lições: boas ideias passam batidas, especialistas entendem errado, a perseverança prevalece. Tudo verdade. [Mas] também vale considerar que esse sistema de avaliação que parece entender tanta coisa errado talvez esteja desatualizado. Que ele não fala por ninguém, exceto por si mesmo. Que uma boa ideia, bem trabalhada e perseguida com paixão, não precisa do carimbo de aprovação de um guardião para dar certo.

O corredor polonês que é a arrecadação de fundos (para qualquer um que não tiver um tio rico e benevolente) enxerga apenas lucro ou previsibilidade. Nada de arte, paixão, talento ou uma incrível história de inspiração.

O Kickstarter busca oferecer a cada um de nós a oportunidade de financiar nossas ideias, começando diretamente com as pessoas mais próximas (amigos, fãs, pessoas de sua comunidade). E é uma maneira de ir além dos métodos tradicionais – empréstimos, investimentos, acordos setoriais, doações – e descobrir que podemos oferecer valor aos outros através da criação, sem um intermediário determinando os termos e o produto.

Quando escrevi isso, não fazia ideia se o Kickstarter chegaria perto desses objetivos tão elevados. Uma década depois, ele chegou, e foi além. O Kickstarter e outros estabeleceram uma nova possibilidade de financiar ideias e projetos criativos que hoje está aceita e incorporada.

Muitos projetos do Kickstarter passaram por uma transição semelhante, de ideia nova e não testada para uma aceitação geral.

O jogo de tabuleiro Cards Against Humanity começou como um projeto do Kickstarter apoiado por centenas de pessoas. O mesmo ocorreu com o Oculus Rift, que era um protótipo em uma garagem quando o Kickstarter começou. O Pebble inventou os *smartwatches* com uma série de projetos no Kickstarter. Centenas de restaurantes, cinemas, galerias e outros espaços públicos estão abertos hoje graças a seus apoiadores e à plataforma. Todos esses projetos começaram como ideias, assim como o próprio Kickstarter.

Durante o primeiro ano do Kickstarter, revisei quase todos os projetos ao serem lançados. Ao longo dos anos, ajudei músicos, artistas, bailarinos, criadores de games, tecnólogos, estilistas, cineastas e outros a colocarem no mundo praticamente qualquer tipo de projeto criativo que se possa imaginar. Assessorei até mestres como Neil Young e Spike Lee, e pude ver de perto como eles trabalham.

Em 2011, comecei a trabalhar com a premiada documentarista Jehane Noujaim em um projeto para financiar um filme chamado *A Praça Tahrir*. Foi durante os protestos da Primavera Árabe, e ela e sua equipe estavam filmando na praça Tahrir, no Cairo. Os cineastas acompanhavam vários líderes da revolta à medida que esta se desenrolava. Um dia, Jehane me mandou um clipe das filmagens de um dia recente, que incluía o cinegrafista encurralado atrás de uma porta por causa dos tiros disparados pelas forças governamentais, com a câmera trêmula enquanto seu operador recuperava o fôlego. O filme foi indicado ao Oscar de Melhor Documentário três anos depois.

Já estive próximo de ideias boas e ruins em número suficiente para saber quando algo funciona e quando não funciona. E, quando falo

Uma ideia simples 27

sobre a maximização financeira com pessoas de todo o mundo, parece a época, antes do Kickstarter, em que eu conversava com os criadores sobre o desafio de financiar ideias. A consciência do problema é aguda e generalizada.

Senti isso quando, logo no início, apresentei a ideia deste livro a colegas de classe num programa de liderança, e um participante birmanês sacou a carteira e me entregou 20 dólares, dizendo que queria comprar o primeiro exemplar. Senti o mesmo quando um pastor do Mississippi me incentivou depois de ouvir as primeiras ideias. E também em Abu Dhabi, quando um muçulmano me agradeceu por defender a importância dos valores não financeiros.

A execução é uma lacuna crítica entre a ideia e a realidade, mas não é a única. Outra é a crença. Para que as ideias importem, as pessoas precisam acreditar nelas. Não há muito que uma ideia possa fazer por si só. Ideias precisam de apoiadores, de veiculadores e de executores para se tornarem reais.

É importante que um número crescente de pessoas esteja reconhecendo os limites da maximização financeira. Trata-se de um passo significativo em direção à mudança. Isso é verdade mesmo que você não esteja em uma posição de autoridade.

No passado, as únicas pessoas que importavam eram os papas, os reis, os membros dos conselhos empresariais e os executivos em salas luxuosas. Hoje, porém, todas as nossas vozes importam. Todos nós temos o poder de influenciar o mundo. É só questão de aprender como.

***

Talvez essa ideia de maximização financeira lhe pareça interessante na teoria. Uma boa conversa para um jantar. Mas acho que é mais do que isso. Grandes mudanças estão por vir, estejamos prontos ou não.

População em forte crescimento (cerca de 10 bilhões de pessoas até 2050, quase o dobro do que era em 2000), desigualdade crescente, pressões ambientais e mudanças tecnológicas estão alterando o mundo. A simples mistura de crescimento populacional com limitação de recursos já cria equações desafiadoras, sem respostas claras.

No entanto, enquanto os oceanos estão subindo e as espécies estão morrendo, continuamos priorizando a maximização financeira. Temos dificuldade em enxergar como é possível operar de outra forma.

Vemos essa situação caótica achando que estamos de fora. Os Outros são a causa dela, Os Outros vão consertar e Os Outros sofrerão as consequências se isso não ocorrer. Cada um de nós botou na cabeça que somos alheios a tudo isso.

Nós culpamos os outros e rezamos para que um Super-Homem nos salve. Para que algum gênio encontre uma maneira de purificar o ar e os mares, e para que Warren Buffett e Oprah aceitem pagar essa conta. Ou, melhor ainda, para que descubramos que o último produto, ainda inédito, concebido por Steve Jobs seja um dispositivo que resolve tudo, dando a total clareza cósmica a todos os seus usuários. Suas últimas palavras, "Oh, uau. Oh, uau. Oh, uau", teriam sido também as primeiras palavras do iUs, sua experiência de usuário suprema.

Mas a esperança não é um plano. Quando a estratégia é o "Deus, me ajude", você já está perdido. E, no entanto, nas grandes questões diante de nós, agimos como se não houvesse nada pelo qual valesse a pena nos empenhar.

O filósofo moral Will MacAskill certa vez compartilhou uma ideia sobre a verdadeira idade da humanidade: se você comparar o *Homo sapiens* a outras espécies na Terra, os seres humanos equivalerão a dez anos na vida útil de nossa espécie. Não chegou nem a adolescente. Isso significa que deve haver dezenas de milênios de história humana pela frente. E, no entanto, agimos como se esta fosse a última festa. Quem se importa se alguém vai limpar qualquer coisa?

Em que lugar maluco se meteu a humanidade – até recentemente tão esperançosa quanto ao futuro! É uma loucura.

Uma ideia simples   29

Não acredito que o mundo esteja condenado, nem que a esperança esteja perdida.

O mundo muda para melhor o tempo todo. Mas perceber isso não é fácil. Observar a mudança é como observar a grama crescer. Invisível no agora, mas sempre lá.

Quando a sociedade passa por mudanças importantes, as pessoas descobrem que o mundo não é tão sólido quanto elas pensavam. Com toda a humildade, aprendi isso no Kickstarter. Ele me mudou. Passei a compreender melhor as coisas. Consegui enxergar melhor o mundo pelo que ele é.

Nas próximas páginas, espero criar esse mesmo sentimento em você.

Proibido virar à esquerda

2

Imagine seu trajeto diário para o trabalho.

Você entra no carro. Engata uma marcha e deixa a garagem. Sai para a rua, pega a saída da via expressa e dirige por vinte minutos. Outros cinco minutos depois, você embica numa vaga de estacionamento.

Agora pense outra vez. Que lojas você viu à direita da pista no seu caminho?

Os americanos que se deslocam de uma área residencial para uma área comercial provavelmente verão postos de gasolina, Starbucks, Dunkin' Donuts e outras redes de fast-food no lado direito do seu trajeto. São coisas que as pessoas tendem a querer pela manhã.

Agora imagine o caminho de volta para casa. O que você vê do lado direito?

Quando essas mesmas pessoas se deslocam para suas casas em áreas residenciais, provavelmente veem shopping centers, supermercados e restaurantes no lado direito da via. Coisas que as pessoas tendem a querer *depois* do trabalho.

O posicionamento dos estabelecimentos comerciais na mão ou contramão do trânsito provém do mundo do planejamento de varejo, em que existe a chamada "regra da conversão proibida à esquerda".

No varejo, poucas coisas são tão importantes quanto o fluxo de clientes. E um dos maiores fatores para atrair esse fluxo é o lado da rua em que você está.

O objetivo é fazer você entrar à direita na hora certa do dia. Locais que oferecem coisas para antes do trabalho, como padarias, devem estar no lado direito do tráfego mais intenso pela manhã. Empresas para depois do trabalho, como supermercados, precisam ficar do lado direito do tráfego noturno.

As pessoas têm muito mais probabilidade de virar à direita do que à esquerda. Fazer uma conversão com tráfego no sentido contrário pode levar alguns minutos. Muita gente não tem paciência. Sair à direita é mais rápido, mais seguro e, graças às otimizações feitas por planejadores de varejo, é a maneira como o tráfego flui predominantemente.

Nunca lhe aconteceu de sair da via expressa para abastecer e descobrir que todos os postos de gasolina ficam do outro lado?

Eis a regra da conversão proibida à esquerda entrando em ação. Você está dirigindo no sentido contrário ao fluxo esperado.

P: Por que o cliente atravessou a rua?

R: Ele não atravessou.

Padrões ocultos predeterminados

A regra da "conversão proibida à esquerda" é um exemplo de um padrão oculto predeterminado. Uma influência invisível em nosso comportamento. Padrões ocultos predeterminados são sutis induções que nos guiam, como as linhas brancas de uma vaga de estacionamento, conforme escreveu o professor Cass Sunstein, da Escola de Direito de Harvard. O mundo moderno está cheio desses padrões ocultos. E por uma boa razão: eles são muito eficazes.

Veja as taxas de doação de órgãos. Seria de esperar que as crenças culturais de um país em torno da morte determinassem se as pessoas optam ou não por doar seus órgãos. Mas, na verdade, fazemos menos escolhas do que pensamos.

No gráfico a seguir, apresento os percentuais de pessoas que optaram por doar seus órgãos em diferentes países europeus:

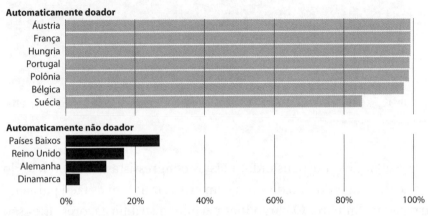

Fonte: Johnson e Goldstein, 2003.

Observe as enormes diferenças entre países que parecem semelhantes, como Áustria e Alemanha. Austríacos e alemães têm crenças sobre a morte tão diferentes entre si? Não. Eles só têm formulários diferentes para preencher. Na Áustria, o padrão é que os cidadãos aceitam ter seus órgãos doados, ao passo que na Alemanha todos em princípio são considerados não doadores.

Tendemos a acompanhar o padrão que estiver à nossa frente. Seja ele qual for.

Entre as pessoas que se matriculam em academias de ginástica, 67% não as frequentam, mas continuam pagando. Apenas 0,28% dos endereços de e-mail optam por não receber newsletters de marketing; outros 99,7% aceitam passivamente continuar recebendo spam.

No gráfico da página a seguir estão os índices de reeleição da Câmara dos Deputados dos Estados Unidos nos últimos cinquenta anos:

Taxa de reeleição para a Câmara dos Deputados dos EUA

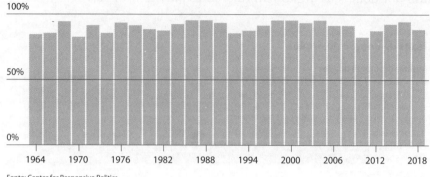

Fonte: Center for Responsive Politics.

Você pode estar pensando: mas os congressistas no exercício do mandato têm todo tipo de vantagem estrutural. É mais fácil para eles arrecadar dinheiro. O cargo lhes permite distribuir favores. Eles são mais conhecidos. Como este pode ser um padrão oculto predeterminado?

Pois é exatamente isso. Os padrões ocultos não acontecem por acaso. Eles se acumulam. Eles crescem. Eles se desenvolvem. Por pessoas que usam conhecimento e poder para mudar os padrões a seu favor ao longo do tempo.

Isso acontece tanto por razões legítimas (virar à esquerda é mais perigoso que à direita; órgãos humanos saudáveis são úteis para pessoas com órgãos doentes) quanto por razões menos legítimas, como veremos.

Abaixo você encontra o mesmo índice de reeleição do Congresso, agora com a taxa de aprovação pública do Congresso superposta. Notou um padrão?

Mesmo que nossa insatisfação aumente, nossa confiança no padrão que lhe serve de base também aumenta. O padrão nos leva à submissão.

Taxa de reeleição para a Câmara dos Deputados dos EUA *vs.* taxa de aprovação

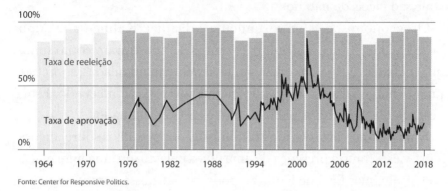

Fonte: Center for Responsive Politics.

É assim que somos induzidos a seguir os padrões predeterminados. Somos gratos por eles, mesmo quando não nos agradam. Uma coisa a menos com que nos preocupar.

O padrão oculto da maximização financeira

Alguns padrões nós podemos ver e mudar. Você pode optar por não receber a fatura em papel de seu cartão de crédito. Basta ajustar suas configurações de notificações. Mas há outros padrões que mal podemos ver.

Uma história do escritor David Foster Wallace ilustra isso muito bem.

Um peixe velho e um peixe jovem estão nadando no mar.

O peixe velho diz: "Como está a água hoje?".

O peixe jovem responde: "O que é água?".

Não é fácil ver o mundo em contexto. Quem dera ele fosse tão concreto quanto Jim Carrey tocando a parede em *O Show de Truman*. Mas não é.

Padrões ocultos predeterminados fazem parte de nós profundamente. Eles são os costumes, tradições e códigos sociais que formam nossas tribos e nações. Os rituais que cercam nascimentos, casamentos e mortes. O motivo pelo qual usamos uma cor, e não outra. São as narrativas em que vivemos. As correntes que nos empurram pela vida e que são fáceis de não notar.

Os economistas comportamentais Daniel Kahneman, Amos Tversky, Dan Ariely, Iris Bohnet e outros demonstraram como somos influenciáveis. Nossas escolhas são facilmente manipuladas, sobretudo quando não estamos conscientes de que isso está acontecendo. Este é o espaço onde vivem os padrões ocultos predeterminados.

Kahneman e Tversky mostraram isso com pesquisas sobre ancoragem e viés – como a presença de uma única palavra, ou uma informação irrelevante, mas fácil de lembrar, pode mudar nosso comportamento. Ariely demonstrou como nossas emoções afetam nossas escolhas, e que palavras como "grátis" alteram a forma como pensamos. Acreditamos que nossas ações se baseiam na verdade objetiva. Elas geralmente são guiadas por padrões ocultos.

Este livro trata de um padrão oculto predeterminado específico. Uma força invisível que acredito ter tanta influência no mundo quanto qualquer outra. Um norte magnético que nos puxa em sua direção.

Trata-se do padrão oculto da maximização financeira. Segundo ela, em qualquer decisão, a escolha racional é aquela que gera mais dinheiro. Esse é o porquê subjacente a muitas das nossas escolhas. A saída à direita da vida moderna.

A maximização financeira define nossa ideia de progresso racional. Nossa principal métrica de progresso ao longo do último século seguramente foi o produto interno bruto (PIB), que mede em linhas gerais o quanto somos bons na maximização financeira. No entanto, o PIB não avalia as implicações mais amplas do dinheiro, apenas sua quantidade.

Depois que você percebe como estamos medindo o sucesso, tudo se encaixa.

É assim que os Estados Unidos justificam um sistema de saúde que causa 62% das falências pessoais. Prestadores de serviços médicos, laboratórios farmacêuticos e seguradoras aumentam seus lucros por meio de um sistema labiríntico e depauperante criado para a maximização financeira.

É por isso que os preços de medicamentos cruciais já existentes continuam subindo para os pacientes, enquanto os laboratórios que os produzem obtêm lucros cada vez maiores.

É também por isso que, em 2018, as empresas utilizaram uma parcela maior de seus lucros para recomprar ações, em vez de gastarem essas somas em pesquisa e desenvolvimento ou em aumentos salariais. Os acionistas e o preço das ações são a prioridade, não os trabalhadores ou o futuro.

Como se costuma dizer no desenvolvimento de produtos, você é o que você mede.

***

Embora seja previsível que o mundo das finanças opere de acordo com o objetivo da maximização financeira, o dogma agora também domina outros campos além do empresarial.

Educação, governo, atendimento médico e ciência são cada vez mais impulsionados pelas filosofias da maximização financeira. Instituições que antes se concentravam numa série de resultados – conhecimento, serviço, assistência, descobertas – são cada vez mais medidas por apenas um: o dinheiro.

Imagine o seguinte cenário.

Cada um desses campos – educação, governo, saúde e ciência – é um grande edifício de pedra. Algum desses prédios gigantes que você poderia ver em Paris ou Manhattan.

Levou séculos para que os alicerces desses edifícios fossem instalados. Suas primeiras fundações foram estabelecidas no Gênesis, nos hieróglifos da Mesopotâmia e do Egito, em *A república* de Platão, nas leis de Newton, e assim por diante.

Os edifícios em princípio custavam a subir. Cada tijolo era uma grande conquista. Mas, à medida que o conhecimento foi se espalhando, os prazos da obra se aceleraram de séculos para décadas.

Proibido virar à esquerda   37

Cada edifício contém todas as facetas desse esforço. As filosofias e ideias que inicialmente motivaram sua existência. As tradições e rituais que mantêm sua cultura e valores. As gerações de mulheres e homens que distribuem seus benefícios e conhecimentos. Os jovens que sonham em se juntar a eles. Durante o século 20, os Estados Unidos apontavam para seus edifícios como sinal de sua grandeza. Estão vendo as maravilhas que uma sociedade democrática é capaz de produzir? O mundo ficava impressionado.

Isso não quer dizer que as coisas sejam perfeitas.

Os edifícios frequentemente são alvo de debate. Os políticos discutem sobre sua construção, seu conteúdo e seus membros. O que deve ser incluído? O que não deve? Quem deve ter autorização para participar? Em que termos?

São frequentes as tensões entre quem acha que os prédios estão terminados e quem deseja fazer ampliações. O surgimento de novos conhecimentos ou de um novo edifício inevitavelmente ameaçará parte da ordem existente. Os debates podem desencadear divisões culturais, como a respeito do ensino da evolução nas escolas e da moralidade das pesquisas com células-tronco.

Até o momento, os edifícios vêm resistindo a essas tempestades e evoluíram com o tempo. Mas, à medida que o século 20 se aproximava do fim, o espírito também mudou. Uma nova energia tomou seu lugar.

Quando a perspectiva dominante de hoje olha para os edifícios, reconhece a importância da educação, do governo, da saúde e da ciência. Enxerga o valor deles para a sociedade. E então analisa as possíveis vantagens.

Enorme público-alvo. Potencial de lucros gigantescos. Quanto custa?

A perspectiva atual não enxerga instituições. Enxerga ativos. Enxerga dinheiro. Como ladrões de banco repartindo o resultado do roubo.

Qualquer discussão sobre o propósito dos edifícios, de quais reformas eles necessitam ou as pessoas que dependem deles é menos importante do que quem é o dono do quê.

A produção deles recebe o mesmo tratamento. Serviços sociais, como educação e saúde, que antes tinham preço simbólico, agora têm um custo significativo. Como os edifícios foram retalhados e vendidos, o público foi forçado a pagar a conta.

É isso o que significa ser dominado por um padrão predeterminado de maximização financeira. Significa ver nossa sociedade como um portfólio a comprar, vender e negociar. É como ver o mundo através dos olhos de um oligarca sociopata. Tudo tem um preço.

Uma origem racional

Tudo começou de um jeito bastante inocente.

Em 1776, o economista e filósofo escocês Adam Smith argumentou que a sociedade funciona melhor quando se espera que as pessoas ajam segundo seus próprios interesses. "Não é da benevolência do açougueiro, do cervejeiro ou do padeiro que esperamos nosso jantar, mas da consideração deles por seu próprio interesse", escreveu ele num famoso trecho de *A riqueza das nações*.

Você não precisou obrigar ou implorar para que um açougueiro fosse açougueiro. Como isso era o que permitia às pessoas sobreviver e atender às necessidades de suas famílias, era isso que elas fariam por conta própria. Tratava-se de uma ideia empoderadora. Uma sociedade baseada na ideia de que as pessoas certamente cuidariam de si mesmas era possível – e preferível.

Smith acreditava que a "mão invisível" de nossas vontades individuais coletivas manteria um equilíbrio de poder entre capital, terra e trabalhadores. Esse equilíbrio criaria um ciclo contínuo de produção, reinvestimento e melhoria que beneficiaria a todos.

Que ideia adorável, não acha?

Mas observe que Smith não disse que o açougueiro deveria maximizar os índices de abate de suínos, reduzir os padrões a um mínimo aceitável, pagar pouco a seus funcionários e obrigá-los a trabalhar muito, tudo isso para maximizar seus lucros e então redirecionar esse dinheiro para executivos e investidores.

Para muitas empresas hoje, no entanto, estratégias como essas são a norma. É o que os investidores esperam que as empresas façam. É o que muitas pessoas pensam que o capitalismo é. Se as empresas não fizerem o possível para obter a maximização financeira, os investidores poderão contratar novos executivos que façam isso.

Adam Smith acreditava fortemente na importância do lucro. Era assim que as empresas aumentavam os salários e investiam em bens e serviços melhores e mais especializados, e era assim que a sociedade acabaria por crescer. Mas o lucro não era um fim em si mesmo.

A maximização financeira que domina o mundo atual é algo diferente. E surgiu mais recentemente do que pensamos.

***

No início dos anos 1950, os Estados Unidos emergiram da Segunda Guerra Mundial como uma nova força global. Na década anterior, o país havia lançado as primeiras (e esperamos que únicas) bombas atômicas da história, no Japão. Elas desataram um poder sem precedentes, que se tornou ainda mais assustador depois que a União Soviética também obteve a bomba. Enquanto as duas nações se enfrentavam, o recém-inventado Relógio do Apocalipse – criado para refletir quanto faltava para a autoaniquilação da humanidade – marcava apenas dois minutos para o fim.

O Departamento de Defesa americano pediu a um grupo de cientistas e matemáticos de um *think tank* de elite chamado RAND Corporation que apresentasse uma estratégia a respeito do que os Estados Unidos deveriam fazer nessa nova era nuclear.

Para estudar a situação, os pesquisadores se voltaram para um novo campo chamado teoria dos jogos. Essa teoria usa modelos matemáticos para determinar estratégias ótimas e racionais em jogos e outros conflitos estratégicos.

Quando aplicada ao impasse nuclear com a União Soviética, a teoria dos jogos permitiu que os cientistas considerassem diferentes abordagens que os Estados Unidos poderiam adotar, como a União Soviética poderia responder e quais seriam os possíveis rumos a partir daí. Isso expandiu bastante a conscientização dos tomadores de decisão sobre os possíveis resultados de qualquer estratégia que eles considerassem.

Os cientistas da RAND criaram vários cenários que exploravam diferentes tipos de conflitos. Muitos desses cenários eram jogos interativos que as pessoas jogavam. O exemplo mais famoso de um cenário da teoria dos jogos provavelmente é o Dilema do Prisioneiro, criado na RAND em 1950.

É assim: você e um cúmplice roubaram um banco. Ambos são presos e colocados em salas de interrogatório separadas. A polícia oferece a cada um o mesmo acordo:

- se você delatar seu cúmplice e ele permanecer calado, você será solto, e seu cúmplice pegará três anos de prisão;
- se seu cúmplice o delatar e você ficar calado, você pegará três anos de prisão, e ele será solto;
- se ambos se delatarem, os dois pegarão dois anos de prisão;
- se nenhum dos dois falar, ambos pegarão um ano de prisão.

Como vocês dois estão em salas de interrogatório separadas e não sabem o que o outro fará, é impossível determinar a resposta "correta". Em vez disso, você deve agir em parte com base no que acha que seu cúmplice fará.

O Dilema do Prisioneiro ilustra os resultados inesperados da noção de racionalidade da teoria dos jogos. Em *The Compleat Strategyst*, um livro sobre a teoria dos jogos publicado pela RAND em 1954, o autor escreve que a teoria dos jogos "assume que há uma forma definida pela qual pessoas racionais deveriam se comportar".

Ele acrescenta:

A noção de que há uma determinada maneira de as pessoas se comportarem não se refere a uma obrigação legal ou ética. Pelo contrário, refere-se a um tipo de moralidade (ou no mínimo frugalidade) matemática segundo a qual *o objeto sensível do jogador é ganhar o máximo possível com o jogo, com segurança, diante de um oponente habilidoso que esteja buscando um objetivo contrário.* Este é o nosso modelo de comportamento racional.

De acordo com esse modelo de comportamento racional, qual é a estratégia ideal no Dilema do Prisioneiro? Delatar seu parceiro. Em parte, porque é a única maneira de você ser solto.

Você se coloca em maior risco confiando no seu parceiro. É menos arriscado cuidar apenas de si mesmo. E, se você é capaz de enxergar isso, certamente seu suposto cúmplice na outra sala de interrogatório também será. O ciclo da paranoia prossegue a partir daí.

Valores como honra e lealdade nos incentivam a permanecer ao lado de nosso parceiro e contra as autoridades. Mas, de acordo com essa nova maneira racional de ver o mundo, isso estava incorreto. Era arriscado demais. O racional seria dedurar o nosso cúmplice primeiro.

Mas observe o que acontece quando nenhum dos jogadores fala: a pena total é menor – dois anos divididos entre duas pessoas, contra três anos para uma só pessoa. É o melhor resultado geral, mas só é possível se nenhum dos jogadores seguir uma estratégia de maximizar seu interesse próprio imediato.

Entre as primeiras pessoas a jogar o Dilema do Prisioneiro estavam as secretárias da RAND. Muitas delas optaram por permanecer leais às parceiras. O que mais lhes importava eram os relacionamentos. As secretárias alcançaram o resultado ideal do jogo.

De acordo com o modelo de racionalidade estabelecido pela teoria dos jogos, as secretárias não estavam jogando corretamente. Perseguir seu interesse pessoal imediato seria a atitude mais racional.

***

A RAND Corporation publicou *The Compleat Strategyst* com o objetivo de expandir a aplicação cotidiana da teoria dos jogos. "Achamos possível que a teoria dos jogos, à medida que se desenvolva – ou algo assim –, se torne um conceito e uma força importantes em muitas fases da vida", escreveu o autor J. D. Williams.

Eles tinham razão. A teoria dos jogos se tornou uma ferramenta para um novo pensamento "hiper-racional". Uma visão que, entre outras coisas, ensina a racionalidade de maximizar o interesse próprio.

Essa maneira de pensar trouxe benefícios, exatamente como os cientistas da RAND imaginaram. Mas também veio com efeitos colaterais. Mais notavelmente, uma maneira mais individualista – e até paranoica – de ver o mundo.

Nas páginas iniciais de *The Compleat Strategyst*, o autor nos pede para imaginar que estamos jogando pôquer com outras quatro pessoas. Mas, acrescenta o autor repentinamente, dois jogadores podem ter "formado uma coalizão antes do jogo, na qual concordaram em somar seus ganhos ou prejuízos". Mesmo num jogo já competitivo como o pôquer, a perspectiva da teoria dos jogos aumenta ainda mais o cacife. As pessoas estão conspirando para enganar você. O jogo é uma armadilha. O que você vai fazer a respeito?

Este foi um passo sombrio a partir da noção de interesse próprio proposta por Adam Smith. Para Smith, o interesse próprio era um veículo para a confiança. Você pode confiar que o açougueiro fará o que é melhor para ele. Agora, essa mesma ideia foi usada para justificar a racionalidade da desconfiança. Quanto você realmente confia no açougueiro? O que acontece por lá, afinal? Você é um tonto por confiar em alguém que não seja você mesmo.

Essa mentalidade guiou a estratégia dos Estados Unidos em relação à União Soviética durante a Guerra Fria. O que, considerando-se o que estava em jogo, provavelmente foi uma atitude sábia. Mas não demorou muito para que essa filosofia se espalhasse para a vida cotidiana, exatamente como os teóricos do jogo previram. Cada um de nós estava em nossas próprias guerras frias em miniatura. Cada um tentando garantir o seu. Todos contra todos. Essa era a fria e dura realidade da vida. E havia a matemática para provar isso.

Os jogos que jogamos

Apesar de sua racionalidade, o Dilema do Prisioneiro tem um ponto cego. Ele possui seu próprio padrão oculto predeterminado, que molda fortemente sua moral baseada na superioridade do interesse próprio.

As principais responsáveis pela moral do jogo são as salas de interrogatório, e não uma grande verdade cósmica. São as salas que mantêm o jogador isolado do mundo. Não é o mundo em si.

Se você imaginasse a mesma situação do lado de fora de uma sala de interrogatório – digamos, uma reunião de amigos num cenário como o do jogo Detetive –, a noção de um duelo de morte com soma zero entre o Coronel Mostarda e a Srta. Rosa pareceria absurda. Fica muito mais fácil imaginar uma forma de colaborar para confundir as autoridades e viver para ver o dia seguinte.

E é verdade. Dentro da teoria dos jogos, o Dilema do Prisioneiro é classificado como um jogo não cooperativo, o que significa que o cenário é propositalmente hostil. É igualmente racional abordar essa situação de forma cooperativa, como mostra outro cenário famoso da teoria dos jogos, chamado Caça ao Cervo.

Esse jogo funciona de maneira semelhante ao Dilema do Prisioneiro. O jogador tem duas opções:

- caçar por conta própria e obter uma pequena recompensa; ou
- caçar com outro jogador e obter uma recompensa maior.

Mas se um jogador escolher caçarem juntos e o outro escolher caçar sozinho, a pessoa que escolher caçarem juntos não ganha nada.

Os jogadores não têm permissão para consultar um ao outro antes de escolher, então você provavelmente acabará perdendo se confiar no seu parceiro, como no Dilema do Prisioneiro. Mas a estrutura do jogo demonstra claramente que, colaborando, você terá mais sucesso.

O Dilema do Prisioneiro e a Caça ao Cervo são duas maneiras racionais, mas fundamentalmente diferentes, de olhar o mundo. Uma é competitiva: a Terra é um planeta de pessoas tramando umas contra as outras em salas de interrogatório. A outra é cooperativa: se caçarmos juntos, teremos mais comida.

Nos dois jogos, a cooperação traz a maior recompensa. Mas apenas um deles revela a verdade aos jogadores.

***

Um estudo fascinante ilustra a importância dessas dicas de como jogar.

Os pesquisadores criaram dois jogos diferentes do Dilema do Prisioneiro. As regras de ambos eram semelhantes ao cenário descrito anteriormente. A única diferença entre os dois jogos era o nome deles. Um se chamava Jogo de Wall Street. O outro era Jogo da Comunidade. Os pesquisadores testaram os dois jogos com alunos de Stanford e com pilotos da Força Aérea israelense. Os resultados foram semelhantes para ambos.

As pessoas que jogavam o Jogo de Wall Street tinham maior probabilidade de atacar seus parceiros em busca de uma recompensa individual maior do que os jogadores do Jogo da Comunidade. Os participantes do Jogo de Wall Street esperavam que seus parceiros os atacassem, então os atacavam primeiro. Era a atitude racional esperada.

Já no Jogo da Comunidade os resultados foram bem diferentes. Os jogadores desta vez permaneceram juntos. Como se chamava Jogo da Comunidade, essa também era a atitude racional esperada.

Ao jogar a versão Wall Street, menos de 40% dos jogadores optavam por permanecer leais. Na versão comunitária, quase 70% deles agiam assim. O mesmo jogo, apenas nomes diferentes.

Proibido virar à esquerda   45

Estamos num mundo de Wall Street ou num mundo comunitário? Num mundo do Dilema do Prisioneiro ou num mundo da Caça ao Cervo? Parte disso decorre da forma como o chamamos. Eis aí a força que os padrões ocultos podem ter.

Os padrões ocultos determinam o que é normal

Ao definirem o contexto, os padrões ocultos tomam decisões por nós. Costumamos nos referir a esse contexto obliquamente como "é assim que se faz" ou "é assim que é". É o "normal". Essas frases identificam lugares onde o indivíduo não está decidindo nada; pelo contrário, algo ou alguém já fez a escolha em nosso nome.

Esses padrões ocultos determinam inclusive o que percebemos como fatos. Achamos que tomamos decisões baseadas na verdade objetiva, mas todos nós seguimos normas e padrões estabelecidos pelas narrativas culturais em que vivemos. Assim como nos jogos Comunidade e Wall Street.

Isso leva ao aspecto final e mais desafiador dos padrões ocultos.

Vemos nos padrões ocultos não só o jeito como as coisas são; achamos que é assim que elas *deveriam ser*.

As coisas são como têm que ser, pensamos frequentemente. Por isso, achamos muito difícil imaginar o mundo de outra maneira.

O sociólogo Max Weber escreveu sobre como a gaiola de ferro da racionalidade pode nos prender. Chegamos inclusive a pensar que a gaiola em si é um produto do mundo natural. É uma gaiola, claro, mas *espera-se* que esteja ali!

Se olhamos para trás, no entanto, podemos ver claramente que o mundo que existia antes era muito diferente. De alguma forma, chegamos aqui a partir de lá. E chegaremos daqui para outro lugar. A gaiola nunca é tão sólida quanto pensamos.

Por que tudo é igual

3

Em 2017, uma música de um cantor chamado Sam Hunt conseguiu algo que nenhuma canção havia conseguido antes.

Por oito meses consecutivos – 34 semanas a fio –, uma balada de Hunt, "Body Like a Back Road", liderou a parada de músicas country da *Billboard*. Foi o reinado mais longo no topo de uma parada da *Billboard* na história da música. Mais do que qualquer música de Elvis, Beatles, Frank Sinatra, Michael Jackson ou Madonna. Mais do que qualquer música em todos os tempos.

"Body Like a Back Road" como o número 1 mais duradouro de todos os tempos parece um absurdo maluco. Uma falha na Matrix. Mas não. É a conclusão lógica de uma tendência.

Ligue o rádio e você ouvirá. Vá ao cinema e você verá. Caminhe por uma cidade grande ou pequena e você sentirá. Depois que a maximização financeira tomou conta, tudo começou a se tornar igual.

A música é sempre igual

O rádio já não é mais o mesmo, mas continua poderoso. Ainda é um importante lugar onde descobrir novas músicas. É para onde o sistema de alerta de emergências envia instruções em caso de desastre. A maioria dos americanos ouve rádio todo dia.

Testemunhamos o declínio do rádio, por isso o vemos como uma tecnologia desatualizada. Mas a aparição do rádio na década de 1920 foi tão assustadora quanto a da internet na década de 1990.

Muitas das ideias que louvavam o lançamento da internet eram iguais às que tinha sido feitas para anunciar o rádio. Com o rádio, qualquer pessoa poderia transmitir num espectro aberto criado pela Mãe Natureza e tornado acessível pela ciência. Era revolucionário e democrático.

O rádio foi o primeiro meio de comunicação verdadeiramente de massas. A primeira forma que os humanos criaram para se comunicar instantaneamente com suas vozes através de continentes e oceanos. O poder de Deus nas mãos do homem.

As pessoas que promoviam o rádio estavam cientes de suas implicações. Pouco depois da estreia do espectro de transmissões, o Congresso americano estabeleceu um limite de propriedade de duas emissoras por entidade. As autoridades disseram que isso era necessário para impedir que o novo recurso se concentrasse em poucas mãos. O rádio era um bem público. Sob essa mentalidade, ele floresceu. Cada comunidade tinha sua própria emissora, sua própria voz.

Mas não tardou muito para que um contra-argumento aparecesse.

De forma desconcertante, adotou o mesmo ângulo usado para justificar o estabelecimento dos limites de propriedade. Sobre a importância de que todas as vozes fossem ouvidas. E então argumentou que esses limites discriminavam as empresas e seus proprietários. E se essas entidades quisessem possuir dez emissoras? Ou cem? Elas também não tinham direitos?

Em 1943, as redes de rádio americanas processaram o governo, alegando que as regras violavam os direitos da Primeira Emenda ao restringir o seu discurso. Os tribunais mantiveram os regulamentos, mas as sementes de uma futura revolução foram plantadas.

Sob intensa pressão política e jurídica, as regras destinadas a proteger o rádio eram constantemente enfraquecidas com base no argumento de que o mais democrático e justo seria não ter regra nenhuma.

A mudança começou gradualmente. Apenas aumentando o limite de duas emissoras para cinco. Depois de cinco para sete. Mas, cada vez que o limite era ampliado, a expansão seguinte já se tornava um fato consumado. Empresas maiores poderiam comprar mais influência.

Em 1982, o chefe da agência responsável pela supervisão do rádio anunciou a transferência quase completa de sua autoridade para os donos das emissoras. "A transmissão comercial é um negócio [...] eles não são fiduciários do público", afirmou. O governo, a partir de então, "na medida do possível confiaria no julgamento das emissoras". O argumento era que um mercado aberto, no qual as emissoras competissem por lucros, produziria um rádio melhor e mais diversificado do que aquele em que as emissoras eram mantidas com um interesse público definido.

Em 1984, o limite de propriedade passou de sete emissoras para quarenta. E, em 1996, para praticamente nenhum limite. Em um ano, 4 mil das 11 mil rádios dos Estados Unidos foram compradas. Em 2002, a maior proprietária de rádios, a Clear Channel Communications, controlava mais de 1.200 emissoras no país. Mais de trinta vezes o limite legal de apenas dez anos antes.

Hoje, metade das emissoras americanas pertence a apenas duas empresas. A ferramenta que as autoridades antes consideravam ser tão importante que ninguém poderia possuir mais de duas delas agora é dominada por apenas duas empresas. Ponto.

Quando as rádios passaram a ser controladas pelos conglomerados, as demissões começaram. Inclusive a minha. Meu primeiro trabalho como redator em Nova York foi numa pequena empresa que a Clear Channel adquiriu cerca de um ano depois que eu entrei. Dois anos depois, a Clear Channel me demitiu. Eu não estava sozinho. Até os locutores entraram na faca.

Por que pagar locutores e programadores locais se alguém no QG pode apertar *play* em mil emissoras ao mesmo tempo? As rádios com os mesmos donos começaram a compartilhar uma sobreposição de 97% das músicas que tocavam. Os custos caíram. Os lucros aumentaram. E as playlists pararam de mudar.

O número de músicas diferentes no topo das paradas a cada ano começou a diminuir. De um número 1 diferente quase toda semana nos anos 1980 para a monotonia de hoje.

Número de músicas country diferentes que chegaram ao primeiro lugar na parada *Hot Billboard*, por ano

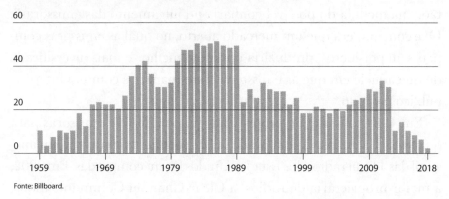

Fonte: Billboard.

Foi em parte por isso que "Body Like a Back Road" virou o maior sucesso de todos os tempos. Milhares de rádios tocando as mesmas *playlists* dia e noite. Uma orquestra de eficiência maximizada.

A sequência da sequência

Não são apenas as ondas de rádio que estão cada vez mais monótonas. O cinema também.

Dos dez filmes de maior bilheteria do ano em 2013, 2014 e 2015, apenas um se baseava numa ideia original. Os outros 29 eram sequências, *prequels* ou adaptações de histórias que já existiam. Em 2017 e 2018, todos os dez filmes de maior bilheteria foram sequências ou adaptações de material existente.

No gráfico a seguir, você encontra o número de *prequels*, sequências, *remakes* e *reboots* nas dez principais bilheterias de todos os anos desde 1950.

Número de *prequels*, sequências, *remakes* e *reboots* nas dez maiores bilheterias

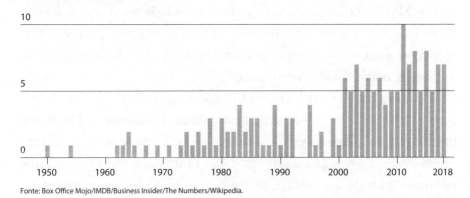

Fonte: Box Office Mojo/IMDB/Business Insider/The Numbers/Wikipedia.

O lado esquerdo do gráfico é quando Hollywood estava contando histórias novas. O lado direito é quando Hollywood descobriu que era mais fácil recontar uma história que alguém já havia contado. Nos últimos quinze anos, 61% dos filmes de Hollywood foram *remakes*, sequências ou adaptações.

Essa mudança de estratégia coincidiu com uma mudança de propriedade. Na década de 1980, ser dono de um estúdio de Hollywood virou uma coqueluche corporativa. Empresas de petróleo, fabricantes japoneses de produtos eletrônicos, uma editora australiana de jornais, um conglomerado canadense de bebidas e até a Coca-Cola compraram participações significativas em estúdios de cinema.

Os conglomerados multinacionais não estavam fazendo essas aquisições por causa de um recém-descoberto amor pelo cinema. Compravam para ganhar dinheiro. Após a alvorada da era dos *blockbusters* na década de 1970, vieram os polpudos cheques corporativos. Os responsáveis pelas decisões mudaram, e os filmes também.

De acordo com seu modelo de negócios, as sequências produziam maiores retornos financeiros. Fazer *remakes* e sequências é "testado e aprovado, e diminui o risco", disse um especialista do setor à ABC. "Foi por isso que as sequências de filmes realmente começaram."

Os filmes passaram a se parecer com qualquer outro produto que essas empresas vendiam. Havia a versão Diet, a versão Extreme, a versão Mulher (às vezes), a versão Terceira Idade (às vezes), a versão Afro-Americana (menos frequente), e assim por diante. Ir ao cinema começou a ser o mesmo que percorrer o corredor dos cereais. Um milhão de opções, todas meio iguais.

A cultura em torno dos filmes também mudou. Na década de 1980, a revista *Variety* começou a divulgar as bilheterias semanais. Os filmes passaram a ser julgados pelo faturamento do fim de semana de lançamento, mais do que pelas críticas. Com tanta coisa em jogo e filmes custando mais do que nunca, os estúdios se tornaram mais conservadores, e a diversidade de ideias diminuiu.

Dizer que os filmes foram ladeira abaixo não é nada controverso. Mas e a TV? Netflix, HBO, AMC e outros fazem programas que são originais e diversificados. Isso não refuta minha afirmação anterior?

A TV aberta tradicional, que segue uma lógica comercial semelhante à dos filmes, sofre com absolutamente as mesmas forças. *Sitcoms* e séries policiais, médicas ou jurídicas raramente são conhecidas por sua originalidade.

Mas também é verdade que a televisão de prestígio opera em um nível acima dos filmes e da TV aberta. É aqui que acontece o trabalho criativo mais original e com visão de futuro.

Praticamente todos esses programas são feitos por novos participantes do mercado, ávidos por ganharem credibilidade. Quando fazem TV de prestígio, não estão maximizando financeiramente a operação, estão maximizando sua reputação. O objetivo deles é impressionar. ("Não é TV. É HBO.")

Veja como avaliamos a TV de prestígio em comparação com os filmes. Não há um equivalente a dados de bilheteria para esse tipo de programa. Nem mesmo os números de visualizações são compartilhados de forma consistente. Seu sucesso ou fracasso é quase inteiramente determinado pela reação dos críticos e espectadores. O espectador e o produtor estão alinhados em torno de uma meta compartilhada. As preocupações financeiras são, dentro do racional, secundárias em relação à qualidade do trabalho e seu impacto na reputação da plataforma. Por isso os críticos consideram que um programa de TV de prestígio que não foi suficientemente visto "passou despercebido", ao passo que um filme de Hollywood que não foi bastante assistido é chamado de "fracasso". As intenções de cada um são diferentes.

No entanto, não podemos supor que a atual dinâmica da TV de prestígio durará para sempre. Muitos mercados começam assim, com inúmeros participantes criando um ecossistema diversificado. Mas, à medida que alguns deles reforçam o seu controle, a dinâmica muda. A necessidade de prestígio diminui, e a demanda por lucros cresce. E aí, em pouco tempo, o novo mundo começa a se parecer bastante com o antigo.

Se a maximização financeira estivesse apenas deixando o rádio chato e transformando todos os filmes em uma sequência disponível em Imax e 3D, seria quase engraçado. Mas essas forças estão mudando mais do que apenas a música e o cinema. Estão mudando até nossos bairros.

Gentrificação

Na esquina da Segunda Avenida com a rua 1, no Lower East Side de Nova York, há uma agência do banco TD. Um anúncio na vitrine diz: "Meu sábado perfeito seria deixar o banco para domingo".

Lá dentro, há fileiras de cubículos onde os bancários recebem os clientes. Mas pouca gente entra no local. Não é preciso. Há quatro outras agências do TD a quinze minutos a pé dali.

Isso se o seu banco for o TD. Se você incluir outros bancos, existem mais de duas dúzias de agências nos arredores.

Nas últimas décadas, o número de agências bancárias em Manhattan aumentou consideravelmente. Em 2014, havia 1.763 bancos na cidade de Nova York – 461 a mais que uma década antes. É como se o caixa eletrônico nunca tivesse sido inventado.

***

O ano é 1985. Estamos parados na mesma esquina: Segunda Avenida com a rua 1. No mesmo local em que hoje está instalado o banco havia um boteco chamado Mars Bar.

O Mars Bar foi aberto por um homem do Queens chamado Hank Penza. Hank tinha opiniões fortes sobre seu bar. Como ele disse a um repórter, "operadores da Bolsa, corretores de investimentos e advogados" não eram bem-vindos. Se eles cometessem o erro de entrar no Mars Bar, eram grosseiramente recebidos com ameaças de violência e um coro de "vão se foder".

O Mars Bar se tornou um dos preferidos do bairro. Seu interior de blocos de concreto grafitados combinava com o exterior. Sua proximidade com o clube CBGB formava um triângulo punk no Lower East Side. Um teatro experimental, inúmeras galerias de arte e casas de show ficavam próximos.

O ambiente rude tornava os aluguéis baratos. O preço dos imóveis era baixo, mas valores como autonomia, senso de comunidade e criatividade eram mais elevados. Você poderia morar lá sem ter um emprego em tempo integral. Foi isso que atraiu artistas, músicos, entre outros.

E então veio a nova força da maximização financeira. A cidade nunca mais foi a mesma.

Entre as décadas de 1910 e 1960, o aluguel médio dos apartamentos em Nova York subiu de 40 dólares para 200 dólares por mês. Entre as décadas de 1970 e 2010, o aluguel disparou de uma média de 335 dólares para 3.500 dólares por mês.

Os aluguéis subiram porque os valores das propriedades estavam subindo também. E os valores das propriedades estavam subindo por causa das crescentes quantias que os bancos estavam emprestando para que as pessoas pudessem comprar imóveis.

À medida que o mercado inflacionava, os moradores desses prédios tinham que pagar mais para continuar morando lá. Idem para as pequenas empresas que alugavam os pontos comerciais. Restaurantes, lavanderias, pizzarias, drogarias e lugares como o Mars Bar precisavam se esforçar para acompanhar o aumento dos preços. Quando os contratos dessas lojas familiares venceram, muitos enfrentaram aumentos de três dígitos no aluguel. O valor mensal do ponto de uma lavanderia passou de 7.000 dólares para 21.000 dólares por mês. Não tinha como dar certo.

Negócios antigos da cidade de Nova York fecharam, e os novos proprietários, interessados em maximizar financeiramente seus imóveis, começaram a dominar a cidade. Enquanto isso, um novo tipo de loja entrou em cena: as redes.

Hoje, redes nacionais e globais cobrem Nova York. Mas sua aparição na cidade é um fenômeno recente.

A Times Square ganhou novo zoneamento e foi reformada em meados dos anos 1990. O Starbucks abriu as portas em Nova York no mesmo ano em que *Friends* foi ao ar: 1994. O primeiro Kmart foi inaugurado em 1996. Antes deles, poucas redes nacionais eram abertas em Nova York. O medo da criminalidade, dos impostos elevados e da rejeição pelos nova-iorquinos dissuadia muitas redes de tentarem. Mas, depois que essas primeiras tiveram sucesso em Nova York, nos anos 1990 e início dos 2000 várias outras começaram a se estabelecer por lá.

Alguns nova-iorquinos lutaram contra sua chegada. Argumentavam que as redes comerciais ameaçavam o espírito da cidade. Apontavam as pequenas empresas que haviam sido mortalmente feridas pelos novos vizinhos. O debate foi tão difundido que se tornou o enredo da comédia romântica *Mensagem para você*, de 1998, com Tom Hanks e Meg Ryan.

Mas, hoje em dia, pouca gente em ambos os lados daquele debate original pode se dar ao luxo de viver em Nova York. Atualmente, só os executivos, banqueiros, advogados e acionistas dessas redes têm como arcar com o custo de vida na cidade. Em duas décadas, uma completa inversão de papéis. Os críticos tinham razão.

Por que tudo é igual   55

Em 2017, havia em Nova York 433 lanchonetes Subway [nome que significa "metrô"], quase o mesmo número de estações do metrô propriamente dito (472). Lanchonetes, lojas de celulares, grandes drogarias e outras redes dominam a cidade. Sem falar das centenas de agências bancárias só em Manhattan.

Em muitos desses pontos comerciais onde agora existe uma loja de rede havia antes uma pequena empresa. E provavelmente mais de uma. As lojas de rede são muito maiores que as existentes antes. Uma nova agência bancária, por exemplo, frequentemente surge combinando três pontos menores e mais antigos. Os espaços para empresas menores estão literalmente desaparecendo para dar lugar a empresas maiores.

Em 2006, o bar punk CBGB foi substituído por uma butique de grife lançada pelo homem que inventou as cuecas boxer. Em 2011, o Mars Bar e outros foram substituídos pelo TD Bank e por um arranha-céu de luxo. Em 2017, o Lower East Side, outrora famoso por seu caráter punk e contracultural, tinha a maior concentração de redes comerciais de toda a cidade.

Em 2008, uma organização sem fins lucrativos chamada Center for a Urban Future [Centro para um Futuro Urbano] começou a acompanhar o crescimento das redes comerciais na cidade. Por dez anos seguidos, seu relatório anual mostrou que elas estavam crescendo em Nova York; em 2018, o número diminuiu pela primeira vez (queda de 1%) devido ao impacto do comércio eletrônico. Mas as redes permanecem firmes em Nova York hoje em dia. Isso traz riscos.

"Um dos verdadeiros traços definidores da cidade que a tornam ímpar são nossos negócios independentes", diz Jonathan Bowles, diretor do Center for a Urban Future. "É importante para o futuro da cidade que Nova York não se transforme em outro lugar qualquer. Se Nova York fosse apenas uma cidade-shopping igualzinha a qualquer outro lugar, por que os turistas viriam?"

Os valores que fizeram de Nova York (e do Lower East Side) o que ela foi e às vezes ainda é – a autonomia e a liberdade que proporcionava, a criatividade que permitia, as comunidades que as pessoas construíam – foram deixados de lado em favor do valor financeiro.

Passamos na frente das lojas de rede e não pensamos nada a respeito delas. São apenas parte da paisagem. Mas são mais do que isso. Elas são uma prova de como nossos valores mudaram.

O shopping

A gentrificação nas grandes cidades vira manchete, mas o que aconteceu e ainda está acontecendo em pequenas cidades e comunidades rurais como a minha é sem dúvida ainda mais devastador.

Estou falando, é claro, dos shopping centers.

A ascensão do shopping, nos diziam, seria uma confluência de fatores perfeita. Uma classe média crescente, a criação do sistema rodoviário interestadual dos Estados Unidos e a fuga dos brancos para os subúrbios provocaram uma súbita explosão dos shopping centers e do crescimento suburbano.

Embora esses fatores tenham desempenhado um papel significativo, outro catalisador possivelmente tão importante para o crescimento dos shoppings é bem menos conhecido. Trata-se de uma alteração do código tributário americano feita em 1954 e chamada de "depreciação acelerada".

Desde 1909, o código tributário permitia que os proprietários de imóveis deduzissem de seus impostos os custos do desgaste gradual de suas propriedades (a chamada depreciação). Não havia regras sobre quanto poderia ser abatido. Ficava por conta das empresas decidirem.

Essa política de "pague o quanto quiser" não durou muito. Como observa o historiador Thomas Hanchett, em 1931, "as deduções feitas por depreciação nos Estados Unidos excederam o lucro líquido total tributável de todas as empresas". Vale a pena ler essa frase novamente.

A atividade empresarial nos Estados Unidos não podia continuar a se basear num sistema de honra, então o Congresso aprovou leis para fazer isso no lugar dos empresários. Para limitar a evasão fiscal, eles estabeleceram uma nova equação que definia o quanto deduzir a cada ano.

As novas regras não duraram muito. Alguns anos depois, líderes do setor imobiliário disseram ao Congresso que a dedução precisava ser revista. Como o valor dos imóveis caía ao longo do tempo, disseram os incorporadores, era preciso deduzir mais dinheiro antecipadamente para estimular o crescimento. A ideia de que os imóveis se desvalorizam ao longo do tempo pode parecer loucura, mas os preços imobiliários não se comportavam da mesma forma que agora. Foi exatamente essa mudança na regra que ajudou a criar a nova tendência.

Porque, uma vez que as novas regras caíram nas mãos dos advogados tributários, os pontos comerciais deixaram de ser um investimento de risco para se transformarem em um refúgio tributário à prova de prejuízos. Um estudo de 1955 feito por um economista do Federal Reserve [o banco central americano] apontava que a alteração tributária equivalia a um "adiamento permanente dos impostos".

Funcionava assim: invista dinheiro na construção de um shopping center; compense os lucros com prejuízos declarados como depreciação acelerada e, assim, evite pagar impostos; passe a propriedade adiante assim que as deduções forem feitas; transfira seu dinheiro para um novo empreendimento; repita o uso dessa lacuna. Sucessivamente.

A evasão fiscal era tão fácil que novas obras estavam sendo construídas apenas para que as pessoas pudessem tirar vantagem disso. "Lucros no prejuízo", dizia a primeira página de uma edição do *Wall Street Journal* em 1961. Segundo o jornal, "a remuneração dos empreendimentos imobiliários parece tão atraente [que] um segmento crescente do público está investindo dinheiro em hotéis, prédios de escritórios, prédios de apartamentos, motéis, shopping centers e terrenos não construídos". Um folheto na época proclamava o investimento imobiliário como "uma jogada para uma vantagem tributária".

A dedução por depreciação era aplicável apenas a novos empreendimentos – não para reparar ou melhorar as estruturas existentes. Isso significava que a única maneira de aproveitar a brecha era construindo novas propriedades, como shopping centers. Onde havia terrenos baratos e vazios para construir? Nos arredores das cidades.

O centro de gravidade dos Estados Unidos começou a mudar. Em 1970, o país tinha 13 mil centros comerciais. Quase todos construídos desde a mudança fiscal, e quase todos construídos fora das cidades.

Foi assim que os Estados Unidos se espalharam. Utilizando uma brecha fiscal.

As redes reagem

O crescimento do consumo nos shoppings foi tratado como um progresso. O florescer de um novo tipo de prosperidade americana. As pequenas comunidades estavam entrando para o time das grandes marcas.

Mas havia um problema com esse enredo reconfortante. Os centros das cidades que esses shoppings cercavam começaram a morrer. De 1954 a 1977, o percentual do varejo americano instalado nos centros das cidades caiu 77%. Muitas dessas áreas urbanas centrais jamais se recuperaram.

Aí apareceram Walmart, Target e outras grandes lojas. Devido à sua escala, os grandes varejistas conseguem oferecer preços mais baixos e uma seleção mais ampla do que as lojas menores e locais. Os consumidores notam. Estudos mostram que as lojas novas do Walmart obtêm 84% de suas vendas tirando-as das empresas locais já existentes. Outro estudo constatou que a expansão de 3 mil lojas do Walmart provocou o fechamento de 12 mil outras lojas. Essa consolidação tem um efeito redobrado. Quando um varejista local ganha dinheiro, redistribui mais de 60% de cada dólar para a comunidade local. Quando uma rede recebe esse dólar, só 40% permanecem. O resto vai embora da cidade.

Não estou dizendo que as redes são ruins. Em áreas como o sudoeste da Virgínia, de onde eu venho, o Walmart é uma das únicas maneiras de conseguir muitas coisas de que as pessoas precisam. Mas também é verdade que, desde que o Walmart chegou – e principalmente agora que a Amazon também chegou –, há menos empresas pequenas.

Às vezes, os grandes varejistas são chamados de "matadores de categorias", o que significa que sua oferta dominante expulsará os concorrentes menores do negócio. O termo é usado de forma elogiosa. E também se mostra mais verdadeiro do que qualquer um imaginou.

Estagnados

O crescimento das redes não coincidiu apenas com o declínio dos centros das cidades. Também coincidiu com o declínio do empreendedorismo americano.

Disseram-nos que estamos na era das startups. Que em cada garagem alguém está fundando uma empresa, criando um aplicativo, planejando um restaurante ou desenvolvendo alguma nova tecnologia impressa em 3D. Abale ou seja abalado! Ou algo assim.

Mas isso não é real. Isso é um exagero.

As taxas de empreendedorismo americano hoje são, *per capita*, metade do que eram na década de 1970. Você leu certo: metade. Isso é análogo à queda na taxa de fumantes no mesmo período. Pense em quanta gente a mais do que hoje fumava na década de 1970. Uma proporção igualmente maior de pessoas também empreendia.

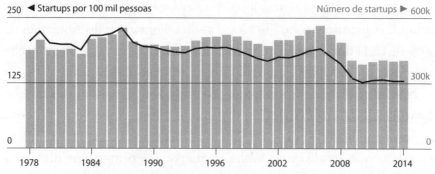

Volume de startups

Fonte: Fundação Ewing Marion Kauffman, Departamento de Estatísticas do Trabalho dos EUA.

Não é por falta de vontade de ser empreendedor. Dois terços dos americanos sonham em abrir um negócio. Mas menos gente está indo adiante por conta própria. Por quê? Porque a ameaça dos concorrentes poderosos interrompe os esforços empreendedores.

Como alguém pode abrir uma lanchonete se já há sete redes instaladas perto do shopping? Por que abrir uma loja familiar de ferragens se a Home Depot e o Walmart estão logo na saída da cidade? Por que criar um aplicativo quando seis dos dez mais usados são feitos pelo Google ou pelo Facebook?

A economia é dominada por redes e líderes de mercado grandes demais, poderosos demais e agressivos demais para que se possa competir com eles. À medida que as redes cresceram, negócios que antes seriam alvos fáceis evoluíram para se tornar máquinas precisas, cada dia mais difíceis de enfrentar.

Não é como se a nova lanchonete estivesse concorrendo com os irmãos McDonald dos anos 1940. Não é como se um novo aplicativo social competisse com Mark Zuckerberg em seu alojamento universitário. Eles estão competindo com as empresas mais poderosas do mundo no momento. Uma nova empresa precisa *começar* oferecendo um serviço muito melhor do que os líderes de mercado ofereciam quando começaram, e tão bom quanto – ou, de preferência, melhor – do que eles oferecem atualmente. E tão barato quanto. A baliza para a construção de um negócio de sucesso continua subindo.

O desafio de competir com grandes empresas criou um efeito assustador no empreendedorismo. Mesmo na tecnologia – a área em que as startups são mais celebradas –, as taxas de empreendedorismo estão em declínio.

O tamanho da concorrência voltou a ser um fator. Em 2018, 70% do tráfego da web e 90% da publicidade digital eram controlados pelo Google e pelo Facebook. Praticamente todo o nosso software para celular é dominado pela Apple e pelo Google. Essas empresas usam seu tamanho para obter um controle sem precedentes da internet.

Um percentual significativo e crescente da população depende dessas plataformas para uma parte enorme de sua vida pessoal e profissional. Assim como um percentual significativo e crescente de pessoas usa cada vez mais Amazon, Walmart, Target e Dollar General para suas necessidades, inclusive as de emprego. Ao mesmo tempo, o número de pessoas que tentam criar seus próprios negócios diminuiu.

Como disse o escritor G. K. Chesterton, "capitalismo demais não significa capitalistas demais, e sim de menos".

Tamanho é documento

Há claros benefícios em ser grande.

Maior significa mais lojas. Maior significa mais reconhecimento do nome. Maior significa preços mais baixos. Maior significa ter margens para reinvestir em produtos mais especializados. Maior significa estar no lado direito da rua na hora certa do dia.

Tudo isso é bom para clientes e empreendedores. Mas essa grandeza tem seus custos. Cidades com o centro vazio. As mesmas redes por todo lado. O declínio do empreendedorismo. E, agora, shoppings vazios.

Muitos dos centros comerciais e das redes nacionais de varejo que deixaram as pequenas empresas à beira da falência nos anos 1990 e início dos 2000 atualmente respiram por aparelhos. Estima-se que, até 2022, mais de 25% dos shoppings nos Estados Unidos serão fechados.

Um programa do YouTube chamado "Dead Mall Series" documenta esses locais. "Quando você entra num shopping morto, é como choque e assombro ao mesmo tempo", diz o cineasta responsável pelos vídeos. "Isso é realmente atraente para muitos jovens. É como ver o Titanic naufragar."

Os shoppings estão falindo porque a estratégia de terra arrasada que adotaram foi, por sua vez, arrasada pelos varejistas da internet, capazes de oferecer preços ainda mais baixos e maior comodidade. A internet venceu as redes no seu próprio jogo.

Em longo prazo, aonde isso vai levar? A internet gerará milhões de novas pequenas empresas ou criará mais consolidação do que nunca? A internet será uma cidade ou um shopping? Embora a internet ofereça uma promessa aparentemente infinita, seus protagonistas não param de crescer, e tentativas de manter condições equitativas, como a neutralidade da rede, vêm sendo derrotadas.

Quer saber qual música dominou as paradas americanas duas semanas depois do final do histórico reinado de Sam Hunt? Chama-se "Meant to Be", e ficou em primeiro lugar por cinquenta semanas consecutivas, um período ainda mais longo que o de "Body Like a Back Road". É a mesma história de novo, e de novo, de novo, de novo, de novo, de novo...

A economia do mullet

4

Desciclagem

Em 2018, os Estados Unidos despertaram para um surpreendente novo problema. Seu jeito de reciclar tinha parado de funcionar.

Foi na década de 1980 que a prática da reciclagem começou a crescer em todo o país. Um hábito até então de poucas pessoas começou a se tornar algo que a maioria fazia. Em 2013, 34% dos resíduos sólidos do país eram reciclados. Esse crescimento foi impulsionado pela conscientização sobre seus benefícios, por leis que exigiam sua prática e pelo lucro gerado para as empresas de gestão de resíduos.

Só que existe um problema na forma como chegamos aí.

Quando a reciclagem começou nos Estados Unidos, era *multistream*. Esse é o termo do setor para quando há duas ou mais lixeiras para diferentes tipos de materiais recicláveis. Uma para papel, uma para metal, uma para plástico etc. É assim que a maior parte do mundo recicla.

Na década de 1990 e início dos anos 2000, muitas cidades americanas adotaram a chamada reciclagem de "fluxo único": uma lixeira para tudo. Com o fluxo único, as pessoas podem jogar todos os seus materiais recicláveis num só contêiner, e máquinas gigantes separam os diferentes materiais na usina de reciclagem.

A lógica por trás disso parecia óbvia: o uso de uma só lixeira tornaria as coisas mais convenientes, aumentando assim as taxas de reciclagem (os especialistas divergem sobre se isso é realmente verdade).

Prefeituras e empresas de transporte de resíduos embarcaram nisso porque a reciclagem de fluxo único significava custos mais baixos (menos caminhões, menos motoristas, menos coletores) e margens mais altas (caminhões mais caros, lixeiras mais caras, equipamentos de triagem mais caros).

Hoje, a maioria das comunidades de reciclagem nos Estados Unidos opera em fluxo único. Mas os custos do fluxo único em longo prazo são muito mais elevados do que os benefícios de curto prazo. Porque, a partir do momento em que o material é recolhido, a reciclagem de fluxo único é muito mais cara. É mais caro de separar, e a qualidade do material é significativamente pior. Na reciclagem em *multistream*, apenas 1% a 2% do material acaba no aterro. Na reciclagem de fluxo único, entre 15% e 27% do material é descartado, por estar muito sujo ou não ser reciclável.

Isso importa. Como observa um relatório do setor: "Coleta não é reciclagem. Um produto não está reciclado enquanto não for transformado em outro produto".

Desde que a reciclagem moderna começou, é a China que compra a maior parte dos resíduos recicláveis dos Estados Unidos. Milhões de toneladas deles eram embarcados pelo Pacífico e reintegrados à cadeia global de suprimento. As prefeituras americanas e suas instalações de resíduos vendiam cargas de material reciclável para a China e tinham lucro com isso. Todo mundo ganhava.

Mas esses dias parecem ter chegado ao fim graças à bagunça causada pela reciclagem de fluxo único nos Estados Unidos.

Em 2018, a China elevou seus padrões para a compra de materiais recicláveis. De acordo com as novas regras, apenas 0,5% do total pode ir parar em aterros sanitários. No ano anterior, cerca de 20% do material enviado à China pelos Estados Unidos havia sido descartado. Em 2019, a China decidiu não comprar mais nada. Logo depois, houve relatos de cidades americanas queimando seu lixo reciclável porque não sabiam mais o que fazer.

A estratégia criada para maximizar a coleta seletiva, por enquanto, frustrou seu próprio objetivo. O fracasso foi um esforço coletivo. Os transportadores de resíduos haviam usado muitos atalhos. As comunidades haviam tomado decisões de longo prazo com base em fatores de curto prazo. E paramos de limpar e separar nosso lixo reciclável adequadamente.

Achamos que alguém cuidaria disso. Por um tempo, as usinas de triagem da China cuidaram. Mas, graças à nossa miopia, essa possibilidade parece ter acabado. Disse o dono de um depósito de lixo sobre a situação: "Somos os piores inimigos de nós mesmos".

A revolução será financeiramente maximizada

Em 1970, o economista mais famoso do mundo apresentou a maximização financeira ao grande público.

Seu nome era Milton Friedman. Ele era um conferencista-estrela na Universidade de Chicago, futuro ganhador do Nobel e futuro consultor de Margaret Thatcher e Ronald Reagan. Foi e continua sendo um dos economistas e pensadores mais influentes do mundo.

Nada do que Friedman havia apresentado antes chamou tanto a atenção da comunidade empresarial como um artigo de 1970 no *The New York Times* em que defendia a maximização financeira.

Na época, os Estados Unidos estavam atolados na Guerra do Vietnã. Os jovens perdiam a vida no conflito. Novos movimentos, como a militância de Ralph Nader pela segurança do consumidor, exigiam que as empresas respondessem ao interesse público. O que mais as empresas americanas poderiam fazer por um bem maior?

Milton Friedman escreveu no *The New York Times* que esse movimento estava totalmente errado. Dizer que uma empresa deve algo à sociedade é um absurdo, sugeriu. Uma empresa não é uma pessoa real e, portanto, não pode ter nenhuma responsabilidade real. Além disso, de que responsabilidade estamos falando? Não existe uma definição dela.

A economia do mullet 67

Se Friedman em seguida tivesse desafiado seus colegas economistas a definirem o que é responsabilidade social, a história poderia ter sido diferente. Mas ele tomou o caminho oposto.

Ele descreveu os movimentos em prol da "responsabilidade social" (uma expressão que ele grafa 23 vezes entre céticas aspas) como uma "doutrina fundamentalmente subversiva". Qualquer um que tentasse dizer a alguém o que fazer com seu dinheiro era tirânico. Contra a liberdade.

"A responsabilidade social de uma empresa é o lucro", esbravejou ele, revirando o argumento pelo avesso. Uma empresa existe para fazer o que seus donos – os acionistas, segundo Friedman – pedem que ela faça. E isso, muito simplesmente, era ganhar o máximo de dinheiro possível.

Nos conselhos empresariais Estados Unidos afora, cabeças que antes quase cochilavam se ergueram.

A classe maximizadora

O ensaio de Friedman não fez os empresários despertarem de imediato com uma visão de mundo totalmente nova. Robert Dunder, fornecedor de papel que se preocupava com a comunidade, não leu o *The New York Times* e simplesmente decidiu esmagar Robert Mifflin, seu concorrente local.

A mudança foi maior e mais gradual que isso. Um novo regime nasceu.

Eles eram contadores, advogados e consultores. Haviam estudado na Harvard Business School, em Stanford e em Wharton. Trabalhavam na Bain, no Boston Consulting Group e na McKinsey. Especialistas treinados na arte de extrair riquezas e minimizar custos. Cobravam tarifas ultrajantes por seus conselhos, sem colocar um milímetro de sua pele em jogo.

Eles eram a classe maximizadora.

Os membros dessa classe acreditavam piamente na doutrina de Friedman e representaram uma nova força empresarial e social com um único objetivo: maximizar a lucratividade.

Quando o crescimento se desacelerou e as empresas começaram a tropeçar numa série de recessões na década de 1970, os membros da classe maximizadora foram chamados pelos conselhos de administração para atualizar suas empresas e prepará-las para a nova era de maximização financeira. O modo como essas empresas operavam começou a mudar. Os lucros cresceram graças à evasão fiscal, ao lobby político e à redução da qualidade dos serviços. Os custos foram diminuídos através de congelamentos salariais, cortes orçamentários e demissões em massa. Um livro sobre a consultoria McKinsey observa que "existe uma clara possibilidade de que a McKinsey tenha sido o maior legitimador individual de demissões em massa [...] na história moderna".

A classe maximizadora aconselhou as empresas a compensarem a redução na força de trabalho com a adoção de mais regras e processos. Os consumidores foram forçados a fazer mais malabarismos, porque o número de funcionários no atendimento ao cliente caiu. Apesar da piora na qualidade do serviço, os lucros aumentaram, porque as margens subiram.

Empresas deixaram de agir como cidadãos corporativos. Compromissos anteriores feitos com as lideranças da comunidade e com o serviço ao público perderam prioridade em favor de doações eleitorais a políticos que prometiam menos impostos, menos barreiras regulatórias e, claro, menos impostos ainda. A influência era mais eficiente e efetiva desse jeito.

A classe maximizadora não entrou só nas empresas. Seus membros prestavam consultoria também a governos e escolas. Sua missão era minimizar as despesas e maximizar o dinheiro. Quem não estava de acordo com a nova estratégia foi marginalizado ou expulso. Quem tomava as decisões começou a mudar.

Se você tinha uma pequena empresa, competia com redes nacionais que queriam acabar com você em troca de um ligeiro aumento em seus números.

Se era um engenheiro ou cientista comprometido com os princípios da matemática e da ciência, e não com as formas de rentabilizá-las, passou a ter menos influência.

Se era um político criterioso, mas não um grande arrecadador de fundos, perdia a eleição ao ser superado pela publicidade de seu adversário.

Quando a maximização financeira virou o objetivo, o dinheiro passou a dar as cartas. Todo mundo entrou na fila. Somente a classe maximizadora e seus supervisores tinham o privilégio de tomar decisões.

Pessoas que teriam entrado em outros campos passaram a ingressar na classe maximizadora. Em 1970, 25 mil pessoas concluíram um MBA nos Estados Unidos. Em 2018, foram 200 mil. Nossas escolhas refletiam nossos novos valores.

O fim dos aumentos

Três anos depois do ensaio de Milton Friedman que injetou a maximização financeira na corrente sanguínea, algo de estranho aconteceu. As pessoas pararam de receber aumentos.

Quer dizer, nem todos. Os chefes continuaram a recebê-los. Mas, para praticamente todo o resto, a renda deixou de crescer. Permaneceu basicamente assim nos cinquenta anos transcorridos desde então.

Variação da produtividade *vs.* variação da remuneração por hora

Fonte: Departamento de Estatísticas do Trabalho dos EUA.

70 Um novo jeito de pensar o futuro

De 1948 a 1973, a remuneração por hora dos americanos cresceu 91%.

De 1973 a 2013, a remuneração por hora dos americanos cresceu apenas 9,2%.

Não é que de repente os trabalhadores se tornaram menos produtivos na década de 1970. Pelo contrário. As pessoas produziram mais valor do que nunca no último meio século. Apenas foram pagas como se não tivesse sido assim.

O auge para o trabalhador americano em termos de remuneração por produtividade foi 1973. No mesmo ano foi lançado *Dark Side of the Moon*, do Pink Floyd. Para você ver quanto tempo faz que os trabalhadores não têm um aumento real.

Não é assim para toda a força de trabalho. Os detentores das maiores rendas viram seu salário por hora aumentar 27% entre 1979 e 2016. Mas, para a classe média, ele cresceu apenas 3% no mesmo período. Só 3% desde que o walkman foi inventado, enquanto outros custos dispararam.

Os historiadores frequentemente apontam para o declínio dos sindicatos e a ascensão da globalização como catalisadores dessa estagnação. Quando os sindicatos já não conseguiram mais forçar as empresas a aumentar os salários, os aumentos minguaram. E, quando as empresas aprenderam que podiam pagar menos às pessoas transferindo postos de trabalho para o exterior, foi isso que elas fizeram também.

Mas por que essas forças se tornaram tão poderosas? O que as impulsionava?

Era a crença delas na maximização financeira. O objetivo já não era mais construir um futuro melhor, elevar o padrão de vida ou atender às necessidades do público. Agora, o objetivo é se maximizar financeiramente. Nosso novo padrão oculto.

***

Enquanto as famílias passavam aperto com a ainda recente estagnação salarial, na década de 1970, um novo salvador milagroso apareceu. Foi chamado de cartão de crédito.

O primeiro cartão de crédito apareceu em 1950. Mas a aceitação foi pequena. Em 1966, havia praticamente zero dívida no cartão de crédito nos Estados Unidos. Financiar a vida através de dívidas ainda não era uma ideia dominante.

Mas, quando a renda parou de crescer, na década de 1970, as famílias começaram a buscar cartões de crédito. Em 1980, os americanos tinham quase 55 bilhões de dólares em dívidas no cartão. Em 2018, o valor era de 1 trilhão de dólares.

Quando a dívida no cartão de crédito se somou à queda na renda dos trabalhadores americanos, podemos ver o que aconteceu.

Variação na produtividade e remuneração *vs.* saldo devedor no cartão de crédito por família nos EUA

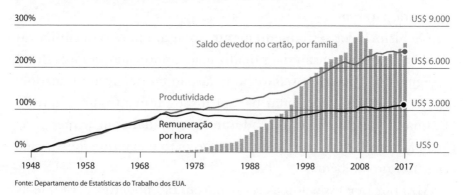

Fonte: Departamento de Estatísticas do Trabalho dos EUA.

Foi aqui que os aumentos salariais vieram parar. Eles viraram dívida.

Faz sentido do ponto de vista da classe maximizadora. O objetivo final é o crescimento financeiro. Por que pagar dinheiro às pessoas se você pode criar dinheiro novo e fazer com que as pessoas o peguem emprestado com juros? Por isso paramos de receber aumentos. Começamos a receber cartões de crédito no lugar deles.

A economia do mullet

Quando visualizo o que a classe maximizadora está fazendo, uma imagem bem esquisita me vem à mente. Imagino um mullet. Lembra do mullet? É este penteado aqui:

Um mullet, diz o ditado, é "profissional na frente e uma festa lá atrás". O mullet marcou o apogeu da tecnologia capilar dos anos 1980.

A estratégia da classe maximizadora é como um mullet, só que na economia. Redução de custos/profissionalismo na frente para a maior parte da população, e lucros inesperados/uma festa lá atrás para os 10% do topo. Cortam-se a renda e a influência de um grupo, enquanto estas crescem para o outro. Eis a economia do mullet.

Existem duas etapas para a economia do mullet.

O primeiro passo consiste em cortes de gastos das empresas, por meio de congelamentos salariais, demissões e redução de serviços. Esse é o profissionalismo frontal que se vê no mullet. É isso que a classe maximizadora aconselha as empresas a fazer.

O segundo passo consiste em redistribuir a executivos e acionistas o dinheiro que foi "economizado". Isso garante que a gestão fique "comprada" (uma dessas expressões que acidentalmente dizem a verdade) pelo conselho, por acionistas e pelos mercados acionários. Essa é a festa lá atrás.

Parece simples, mas a combinação desses dois passos já operou milagres econômicos. Milhões de dólares que seriam pagos a trabalhadores outrora contratados foram redistribuídos a executivos e acionistas, na forma de dividendos e recompra de ações. Ganhar dinheiro, como era de esperar, é algo que os investidores adoram, então as ações de empresas que fazem isso tendem a se valorizar.

Atualmente, a forma mais comum de distribuição de lucros pelas empresas é através de um instrumento chamado recompra. Uma recompra é quando uma empresa usa seu dinheiro para comprar suas próprias ações que estão em poder dos acionistas. Quando a empresa faz essa compra, o dinheiro da empresa vai para o acionista, e a ação do acionista volta para a empresa. Isso reduz o número de ações restantes no mercado, então pode causar uma valorização das ações de uma empresa de capital aberto.

As recompras são habituais, e também habitualmente demonizadas hoje em dia. Mas, por si sós, não são algo ruim. São simplesmente uma ferramenta para as empresas distribuírem seu dinheiro.

No período em que atuei como CEO do Kickstarter, usávamos a recompra de ações para distribuir lucros aos acionistas e funcionários. Como o Kickstarter nunca será vendido nem abrirá seu capital, as recompras e dividendos são as melhores opções da empresa para compartilhar as recompensas financeiras de seu trabalho com os funcionários e acionistas que ajudaram a criá-la e a apoiam atualmente. Antes, porém, fizemos questão de que todos os funcionários elegíveis fossem acionistas, chegando a oferecer empréstimos para ajudar os funcionários a exercer suas opções e pagar os impostos exigidos.

Recomprar ações em si não é um problema. Os problemas decorrem de como e por que isso é feito.

Problema 1: por que algumas recompras acontecem?

Até o início dos anos 1980, recomprar ações era ilegal nos Estados Unidos, exceto em circunstâncias bem específicas. Como era sabido que no passado as empresas haviam adquirido suas próprias ações para valorizá-las, as recompras eram vistas como uma forma de manipulação acionária. Mas, em 1982 – no mesmo ano em que o rádio foi aberto para as empresas –, as regras que regiam as recompras foram alteradas, e as empresas foram autorizadas a comprar suas próprias ações das mãos de investidores.

Três anos depois, a *Fortune* analisou o desempenho das ações de algumas das primeiras empresas a fazerem isso. As descobertas da *Fortune* foram claras: "Os acionistas das empresas que fizeram a recompra obtiveram retornos excelentes, excedendo em muito os lucros para os investidores como um todo".

A frase de Warren Buffett na reportagem era a cereja no bolo: "Todos os gestores dizem estar agindo em nome do interesse dos acionistas", observou ele. "Sendo investidor, o que você mais quer é ligá-los numa máquina e fazer o teste do detector de mentiras para ver se isso é verdade." Para Buffett, era exatamente isso que uma recompra de ações fazia.

A prática da recompra de ações decolou.

Recompra total de ações próprias por empresas dos EUA, 1980-1990

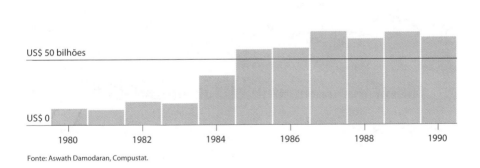

Fonte: Aswath Damodaran, Compustat.

Desde 1982, a prática vem crescendo consideravelmente. Em 2018, as empresas pagaram mais de 1 trilhão de dólares na recompra de ações, o maior valor da história.

A economia do mullet 75

Recompra total de ações próprias por empresas dos EUA, 1980-2018

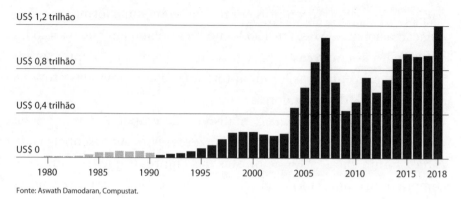

Fonte: Aswath Damodaran, Compustat.

E, desde que o fenômeno da recompra de ações começou, o desempenho do mercado acionário reflete diretamente o volume de dinheiro que as empresas distribuíram aos investidores por meio de recompras e dividendos.

Dividendos e recompras trimestrais no S&P 500, anualizados

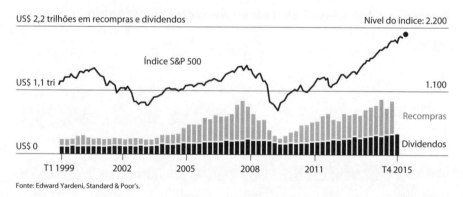

Fonte: Edward Yardeni, Standard & Poor's.

Esta é uma economia que segue obedientemente as expectativas de maximização financeira. O objetivo é maximizar retornos para os acionistas. Nos últimos anos, muitas empresas americanas investiram menos em pesquisa e desenvolvimento do que gastaram na recompra de ações.

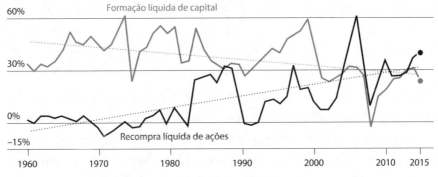

Fonte: Deloitte, Bureau of Economic Analysis [Departamento de Análise Econômica].

Isso não é algo que as empresas costumam fazer em todos os lugares. De acordo com uma matéria do *Financial Times*, "entre 2015 e 2017, os cinco maiores grupos tecnológicos dos Estados Unidos (especialmente Apple e Microsoft) gastaram 228 bilhões de dólares em dividendos e recompras, segundo dados da Bloomberg. No mesmo período, as cinco principais empresas tecnológicas chinesas gastaram apenas 10,7 bilhões de dólares e investiram o restante de seu excedente de caixa em investimentos que ampliam sua presença e influência".

Qual estratégia você acha melhor?

Problema 2: quem fica de fora

Quando as regras para a recompra de ações mudaram, no início dos anos 1980, os Estados Unidos atravessavam uma recessão que fez 9% dos trabalhadores ser demitidos. Foi a taxa mais alta desde a Grande Depressão. Empregos e fábricas estavam desaparecendo em massa.

As empresas disseram que precisavam apertar o cinto para se manter competitivas. Mas esse aperto de cinto não se aplicava a seus responsáveis. O dinheiro destinado aos trabalhadores passou a ser destinado a investidores e gestores. O mullet começou aí, e não parou mais de crescer.

O Yahoo gastou 6,6 bilhões de dólares na recompra de ações entre 2008 e 2014, período em que a empresa demitiu trabalhadores e avançou em direção à irrelevância. A decadente rede de varejo Sears gastou mais de 6 bilhões de dólares em recompras desde 2005, enquanto os trabalhadores perdiam seus empregos. Yahoo e Sears gastaram – e provavelmente desperdiçaram – bilhões de dólares comprando suas próprias ações (bilhões de dólares em ações de empresas com problemas existenciais, como sabiam melhor do que ninguém) para agradar aos acionistas. Mais do que os funcionários, os clientes ou o seu próprio futuro, a prioridade eram os acionistas e o preço das ações.

É importante observar que uma economia centrada nos acionistas é, na prática, uma economia centrada na riqueza. Oitenta por cento das ações pertencem aos 10% mais ricos entre os americanos. Os 80% mais pobres possuem apenas 8% das ações. As empresas que gastam bilhões em recompras estão principalmente redistribuindo seus lucros para os 10% mais ricos da população.

O problema aqui não é que os acionistas sejam ricos ou que os investidores se beneficiem de seus investimentos. O problema é que os trabalhadores têm participação direta no sucesso dessas empresas e, no entanto, foram recompensados com salários congelados e demissões em massa. As empresas estão gerando lucros maiores do que nunca, enquanto os trabalhadores têm mais é que agradecer a sorte de terem um emprego. Enquanto os acionistas desfrutam de remunerações inéditas, o salário dos trabalhadores fica estagnado, e seus empregos são cada vez mais precários.

As recompensas de nossa economia estão ignorando os trabalhadores e indo direto para os acionistas no topo, enquanto os custos ignoram os acionistas e recaem nos ombros de todos os outros. Essa é a economia do mullet.

Problema 3: o que isso significa para o futuro

Em maio de 2018, a sede regional do Federal Reserve em Dallas organizou uma conferência sobre o impacto da automação para empresas e trabalhadores.

Em uma das mesas de discussão, o moderador perguntou a um grupo de CEOs se eles vislumbravam "uma ampla recuperação salarial" para seus funcionários no futuro. Os participantes foram claros: não.

"Isso simplesmente não vai acontecer", respondeu o CEO da franquia da Coca-Cola na Flórida. "Certamente não na minha empresa."

O mesmo CEO disse que sua empresa estava contratando pessoas que sabidamente seriam depois demitidas por causa de mudanças na automação. Era o futuro inevitável nessa atividade.

É assim que as empresas estão pensando no futuro: automação e robôs estão dentro, seres humanos estão fora. É o futuro em que elas estão investindo. São apenas negócios racionais.

Esse é o verdadeiro problema da economia do mullet: o que ela significa para um futuro baseado na automação.

Em um mundo dominado pela maximização financeira, espera-se que as empresas minimizem os custos e maximizem os retornos financeiros. Mas o que acontece quando essa expectativa se combina com a força de trabalho automatizada e os despojos da economia global são colhidos e semeados apenas pelas maiores empresas do mundo e por seu pequeno grupo de riquíssimos acionistas?

Este seria um mundo com mais lucros e menos trabalhadores do que podemos imaginar. Um mundo onde a recompra de ações – ou qualquer que seja seu futuro equivalente – rompe qualquer teto, levando consigo a desigualdade. Este seria um mundo de "lucros sem prosperidade", como disse o economista William Lazonick.

Nossa trajetória atual está nos levando para esse futuro no Modo Insano, enquanto nos mantemos terrivelmente despreparados para os choques que ocorrerão quando chegarmos lá.

Precisamos de uma resposta melhor para o que fazer com o excesso de capital em vez de entregá-lo aos acionistas. Uma potencial resposta são impostos mais altos combinados com alguma versão de uma renda básica universal. Isso comporta méritos e desafios amplos demais para discutir aqui. Independentemente do plano específico, se não mudarmos de rumo acabaremos em um futuro bem feio, com um mullet enorme.

A universidade mullet

Algumas das maiores vítimas da economia do mullet ainda nem fazem parte dela. São os universitários, futuros universitários e recém-formados que estão assumindo dívidas recordes para conseguir ingressar na força de trabalho.

Por que eles são vítimas da economia do mullet? Porque, ao mesmo tempo que a renda se estagnou, o custo do ensino superior disparou. O preço médio das anuidades universitárias nos Estados Unidos em 2018 é dezenove vezes maior do que era em 1971. De 1.832 dólares naquela época (usando o dólar atual) para 34.740 dólares hoje.

Para compensar a diferença, os estudantes recorrem a outro tipo de cartão de crédito: o crédito educacional. Em 2018, havia mais de 1,4 trilhão de dólares em dívidas estudantis pendentes nos Estados Unidos, um aumento de 150% nos últimos dez anos.

Mas muitos desses devedores estão tendo problemas para se manter em dia. Quase um terço deles renegociou a dívida ou está em atraso. Eles não ganham o suficiente para pagar suas dívidas e todos os demais custos de vida. O preço da faculdade e as necessidades aumentaram, mas os salários, não.

Ao contrário de empresas que se alimentam de dívidas, como start-ups, incorporadoras imobiliárias e outros negócios, os estudantes não têm a possibilidade legal de declarar falência para escapar do endividamento. Na verdade, alguns membros do Congresso até propuseram instituir a retenção obrigatória de salários futuros para cobrar os financiamentos educacionais.

Os maximizadores financeiros escapam disso. Eles têm dinheiro para pagar as anuidades. Não assumem dívidas. Quem paga o maior preço são os de fora da classe maximizadora. Seu salário é mantido lá embaixo, mas o preço de ter o direito a esse salário continua subindo.

Esse é um problema significativo se você é um desses estudantes, mas não se for um de seus futuros empregadores. É mais provável que estudantes endividados virem as futuras abelhas operárias em vez de empreendedores desafiando o *status quo*. Porque dependem disso para pagar o financiamento da faculdade.

A economia política

Se as coisas não mudarem, o mundo continuará igual.

Em alguns aspectos da vida, isso parece ótimo. Em outros, parece terrivelmente deprimente. Essas áreas são diferentes para cada um de nós.

O mesmo vale para a sociedade. Enquanto algumas pessoas se empenham por um futuro diferente, outras tentam garantir que o futuro seja parecido com o presente. A competição entre essas visões é realizada em muitas arenas, sendo a política a mais importante de todas.

A política é a competição explícita para determinar as normas e regras da sociedade. Qual caminho devemos seguir? Qual ideia está certa? Espera-se que essas escolhas sejam feitas através de eleições e do debate político.

Mas, por causa do dinheiro, essa competição raramente é uma luta justa.

Os rumos da política e do dinheiro lembram o que aconteceu com a reciclagem. Antigamente vivíamos num mundo onde política e dinheiro eram mais separados. Eles eram *multistream*. Hoje, porém, dinheiro e política são de fluxo único. E, como a reciclagem, a política se tornou tão suja que parou de atender ao seu propósito real.

Um surpreendente trabalho de três cientistas políticos mostrou em 2015 que as eleições são decididas quase inteiramente por dinheiro.

Em "resultados que surpreenderam até a nós mesmos", os pesquisadores descobriram que, "em três anos amplamente espaçados (1980, quando o Congresso americano funcionava de forma muito diferente de hoje, 1996 e 2012), havia uma correlação fortemente linear – na verdade, linhas praticamente retas – entre a votação dos candidatos de cada um dos dois grandes partidos e sua participação proporcional no total de gastos de campanha".

Depois de realizar estudos adicionais em todas as eleições para o Congresso entre 1980 e 2014, eles encontraram uma razão direta entre a quantia gasta por um candidato e seu percentual nas urnas.

"Para cada aumento de 1% na verba de campanha em comparação ao outro partido", escrevem eles, "espera-se um aumento de 1,277% na votação."

Para cada dólar que um candidato gasta a mais que seu adversário, a parcela de votos do candidato aumenta em igual medida. A análise mostra que todas as eleições para o Congresso americano entre 1980 e 2014, exceto uma, se encaixam nesse modelo.

Os mesmos pesquisadores combinaram várias fontes de doações políticas para entender de onde vinha esse dinheiro. Descobriram que a maior parte provinha das maiores empresas, de seus executivos e do 1% mais rico entre os americanos. A classe maximizadora e os mais ricos entre os ricos são a força dominante na política americana.

Lembra-se daqueles gráficos anteriores, mostrando como os índices de reeleição no Congresso aumentaram, assim como os índices de reprovação? Esta é a razão daquilo. Ao gastar mais que os rivais, a classe maximizadora mantém políticos amigáveis em seus cargos, e uma força de maximização financeira dentro do governo.

Em troca das contribuições, os políticos têm agido como bolas de demolição trabalhando dentro do governo em benefício de empresas privadas. Eles enfraqueceram os sindicatos, diluíram as leis contra a poluição, ampliaram as brechas fiscais, desregulamentaram setores e prejudicaram o governo conforme os pedidos de quem assinava os cheques. Quando os políticos deixam seus cargos, atraentes empregos de lobista os esperam.

A maximização financeira não seria a força que é sem sua influência política. A economia do mullet só se tornou possível graças a mudanças regulatórias alcançadas por meios políticos – não comerciais. As recompras de ações estavam proibidas até que reguladores amigáveis as autorizaram, em 1982.

Nas décadas de 1980 e 1990, inúmeras restrições aos bancos foram eliminadas, incluindo a proibição de que eles mantivessem agências em múltiplos estados (essa mudança foi fundamental para que as agências bancárias tomassem conta de Nova York). Em 1999, foi sancionada uma lei que eliminou antigas restrições sobre o tamanho e as operações dos bancos, em vigor desde o período da Grande Depressão. Esse abrandamento das regulações contribuiu para diversas crises financeiras (incluindo a da Enron e a crise imobiliária de 2008) na década seguinte à sua aprovação.

Essas mudanças foram possibilitadas pelas doações políticas e pela influência da classe maximizadora. A maximização financeira foi o motivo subjacente a todas essas mudanças. A escolha racional era a opção que gerasse mais dinheiro. Era isso que interessava.

O estado empreendedor

É comum hoje em dia a crença de que empresas públicas e privadas são como Tom e Jerry: inimigos naturais. Mas nem sempre foi assim.

Em seu esclarecedor livro *O Estado empreendedor*, a economista Mariana Mazzucato mostra como o governo e as empresas privadas estão profundamente conectados e como essas relações já se provaram benéficas.

Como exemplo, Mazzucato demonstra que a tecnologia por trás de todas as peças do iPhone – da tela de toque ao 3G sem fio, passando pelo GPS e a própria internet – foi financiada diretamente pelo governo dos Estados Unidos. A Apple comercializou brilhantemente a tecnologia, mas o trabalho por trás do iPhone foi realizado por pesquisadores acadêmicos financiados por investimentos federais.

O trabalho começou há décadas. Após a Segunda Guerra Mundial, os Estados Unidos passaram a investir pesadamente na pesquisa em ciência, tecnologia, medicina e outros campos, por meio da Defense Advanced Research Projects Agency [Agência de Projetos de Pesquisa Avançada de Defesa], ou Darpa. Essa agência é responsável por identificar e financiar tecnologias que possam fornecer benefícios militares e domésticos.

Ao longo dos anos, a Darpa selecionou inúmeras áreas para receberem investimentos, de linguagens de programação informática a tecnologia de jatos e o GPS. Financiou novos programas de ciência da computação nas principais escolas de engenharia a fim de treinar alunos promissores nesses novos conceitos.

A internet começou como um projeto da Darpa. A primeira rede de computadores, chamada Arpanet, foi criada em 1967 e recebeu 1 milhão de dólares de um orçamento para mísseis balísticos defensivos. Com o tempo, a Arpanet evoluiu para a internet que usamos hoje, a maior parte paga com verbas públicas usadas com grande antevisão. E graças a isso todos nós hoje em dia podemos usar o Twitter para reclamar dos gastos públicos.

Até algumas das principais empresas tecnológicas, como a Intel e a Apple, receberam assistência com subsídios e empréstimos governamentais extraordinariamente bem empregados, criados para estimular o campo da tecnologia da computação.

Isso parece impossível para a mentalidade corrente. A Apple, a mesma empresa que estaciona dinheiro no exterior para evitar bilhões em impostos, recebeu dinheiro como startup do governo dos Estados Unidos? Isso não estava no filme. Em geral achamos que o governo bloqueia o progresso e que a inovação vem de gente como Steve Jobs.

Essa é a narrativa atual, mas, no passado recente, os interesses públicos e privados estavam alinhados por trás de uma visão de futuro ambiciosa. O governo financiou pesquisas prospectivas que empresas privadas depois desenvolveram comercialmente. Os americanos participaram como trabalhadores e beneficiários das descobertas que ajudaram a fazer. Dólares de impostos corporativos e pessoais foram investidos nas gerações seguintes da inovação. Esse arranjo produziu alguns dos saltos tecnológicos mais significativos da história da humanidade e muitos dos benefícios dos quais desfrutamos hoje.

Essa é a mesma estratégia que os maximizadores financeiros tentaram destruir, gastando tanto dinheiro em doações políticas. Um vasto lobby por reduções tributárias e cortes de gastos públicos resultou em investimentos reduzidos para as pesquisas de longo prazo. Apesar dos tremendos retornos que já produziram, os gastos federais em pesquisa e desenvolvimento diminuíram como porcentagem do orçamento federal depois que alguns desses investimentos significativos foram feitos.

É exatamente esse tipo de gasto que a classe maximizadora, os lobistas corporativos e seus políticos tentaram inviabilizar.

Por quê? Se os investimentos governamentais diretos foram tão bem-sucedidos no passado, por que as maiores empresas e as pessoas mais ricas dos Estados Unidos querem retirar essas verbas agora? Sobretudo quando muitas dessas mesmas pessoas e suas empresas – empresas de tecnologia, farmacêuticas e outras – devem os alicerces de seu sucesso às pesquisas financiadas por esses programas no passado?

Para alguns, é simplesmente uma questão de maximização financeira. As empresas nunca vão parar de lutar por uma fatia maior do bolo. Outros querem que o governo faça o mínimo possível, tanto para manter os impostos baixos quanto para conservar o mercado o mais aberto possível.

Mas acho que há outro motivo também. Essas empresas sabem bem o impacto que esse tipo de pesquisa pode ter. Para uma empresa que já é dominante, os avanços científicos futuros são uma das poucas ameaças em potencial à sua existência. Um medicamento novo ou uma tecnologia inovadora podem fazer o jogo virar. Entretanto, se

A economia do mullet 85

tudo permanecer igual, ou se elas próprias fizerem essas descobertas, não haverá nada com que se preocupar.

Agora que as recompensas financeiras de décadas de investimentos governamentais estão sendo obtidas, as empresas estão pleiteando a maior parte possível. Enquanto isso, deixam o governo à míngua, escondendo em paraísos fiscais o dinheiro que seria necessário para semear a próxima geração de inovação e fazendo lobby por cortes tributários.

Mazzucato argumenta de forma convincente que devemos pensar no financiamento do governo como um investimento, e não como um gasto. Se enxergássemos os retornos desses fundos como uma empresa faria, pensaríamos de maneira muito diferente sobre o financiamento público e ficaríamos felizes com o que descobriríamos. Alguns notáveis investimentos fracassados do governo – o Concorde no Reino Unido e a Solyndra nos Estados Unidos – são frequentemente citados para argumentar que o governo deveria ficar de fora do setor privado. Mas esses prejuízos são ninharia em comparação aos sucessos, e é claro que os investidores privados não são considerados fracassados quando fazem uma aposta ruim. Dos investimentos públicos se exige um padrão impossível, numa tentativa de manter o *status quo*.

Isso se chama puxar o próprio tapete.

Beco sem saída

Em 1972, os CEOs de algumas das maiores empresas americanas formaram um grupo chamado Business Roundtable. Sua missão era fazer lobby para que o governo adotasse políticas pró-empresas. Com o apoio implícito das maiores corporações dos Estados Unidos, as recomendações desse grupo tinham muito peso.

Por isso, foi relevante o modo como, ao longo das décadas de 1980 e 1990, o grupo mudou significativamente a forma como definia as responsabilidades empresariais. O matemático Ralph Gomory, ganhador da Medalha Nacional de Ciência, observa:

Em 1981, o Business Roundtable escreveu em sua Declaração sobre Responsabilidade Corporativa que as empresas devem sempre considerar os efeitos de suas ações sobre vários grupos, incluindo acionistas, comunidades, funcionários e a sociedade em geral. Mas, em 1997, sua Declaração sobre Governança Corporativa discutia apenas como eles poderiam servir melhor a seus acionistas.

Funcionários, comunidades e a sociedade em geral não eram mais uma prioridade. Só os acionistas.

O foco exagerado na maximização financeira decolou com o argumento de Milton Friedman sobre a virtude dos lucros e cresceu à medida que Wall Street e outros normalizavam essas expectativas. Como escreve a economista Mariana Mazzucato, "o retorno sobre o investimento no setor financeiro estabelece um piso para o retorno do investimento fixo 'real', um patamar que aumenta à medida que as operações financeiras se tornam mais portáteis. As empresas não financeiras que não conseguem superar o retorno dos investidores financeiros são forçadas a aderir, 'financeirizando' suas atividades de distribuição da produção". Em outras palavras, mesmo empresas que não estavam se maximizando financeiramente antes tiveram que acompanhar as que agiam assim, pois era esse tipo de retorno que seus investidores passaram a esperar.

A maximização financeira e uma visão de mundo centrada nos acionistas logo se tornaram nosso novo padrão.

Neste meio século de maximização financeira, os lucros e o PIB dispararam. Mas as recompensas desse crescimento foram compartilhadas apenas entre alguns, criando problemas desafiadores se projetarmos essas mesmas estratégias para nosso futuro provável. Sobretudo se considerarmos o plano de ação da maximização financeira, já que é ela que está dando as cartas. Ele tem quatro fases.

Fase 1: O fim da concorrência

O fim da concorrência começa com a consolidação dos principais atores do setor. Os participantes pequenos e regionais são forçados a vender ou fechar seus negócios. Determinado setor ou território geográfico é dividido e distribuído entre as empresas restantes. Grandes atores se tornam atores ainda maiores. As redes nacionais assumem o controle. No final, a concorrência direta praticamente desaparece.

Às vezes, como no caso do rádio, as leis destinadas a preservar a concorrência precisam ser eliminadas antes que a consolidação possa ocorrer. Depois que as doações políticas asseguram a "compra" dos políticos certos, as mudanças são vendidas ao público sob a alegação de que a diminuição das regulamentações estimulará a inovação e o crescimento. Na verdade, estimulará muito o crescimento financeiro para uma pequena porcentagem da população.

Fase 2: Demissões em massa

Quando as empresas param de se preocupar em concorrer umas com as outras, têm início as demissões em massa e os cortes orçamentários.

Todo um jargão já foi criado para descrever as demissões coletivas: alcançar eficiência, eliminar redundâncias, encontrar sinergias. Um monte de frases bem lapidadas, indicando que essas decisões são parte de uma estratégia profundamente brilhante.

A realidade é muito mais básica. Quanto mais orçamento puder ser cortado e mais empregos forem eliminados, mais dinheiro os executivos poderão redistribuir aos investidores e a si próprios. Eles têm feito um trabalho impressionante. Desde 1977, os salários médios subiram apenas 10%, enquanto a remuneração dos executivos aumentou 1.000%.

Fase 3: Extrair e distribuir

Com trabalhadores e concorrentes fora de cena, a mentalidade passa da busca pela excelência naquele setor para a extração de dinheiro daquele setor. A qualidade do serviço piora, e as margens de lucro aumentam. Exemplos: provedores de TV a cabo e internet nos Estados Unidos e a variedade musical cada vez menor nas rádios. O dinheiro economizado com isso é distribuído aos acionistas por meio de dividendos e recompra de ações, enquanto o serviço fica estagnado. Ou seja, o que chamamos de economia do mullet.

Fase 4: A quebra

Uma vez que a extração de valor é maximizada, é apenas questão de tempo até que a reputação restante da empresa se esgote. Pense no Yahoo e na Sears pagando bilhões de dólares aos acionistas enquanto seus negócios desmoronavam.

Você pode achar que isso é um problema para a maximização financeira. Se tudo acaba em quebra, qual a vantagem?

Na verdade, isso não importa. Os investimentos que iniciaram o ciclo já foram usados há muito tempo. Esse dinheiro já está em outra. Na fase de quebra, a terceira, a quarta e a quinta gerações de dinheiro estão envolvidas, todo mundo extraindo o que pode e deixando funcionários e comunidades à própria sorte. As pessoas no topo continuam sendo pagas, e o dinheiro segue em movimento.

A maximização financeira é uma busca interminável por custos a cortar e valor a extrair. Mesmo em períodos de prosperidade, seu único movimento é reduzir o número de pessoas e redistribuir dinheiro aos acionistas. Não há visão para mais nada. Só existe isso. A maximização financeira não é um plano. É uma armadilha.

5

A armadilha

Eu estava na fila do supermercado quando a revista chamou minha atenção. A capa estava salpicada de vermelho e amarelo, com uma lista de frases ameaçadoras.

"Seja paranoico."

"Subverta-se."

"Vá à guerra."

Seria a *Guns & Ammo*? O *National Enquirer*? A *Adbusters*?*

Era a *Harvard Business Review*.**

Na época eu era o CEO do Kickstarter. Já era um dos fundadores e líderes da empresa havia quase uma década. Mas, desde que assumira o cargo de CEO, quase dois anos antes, o Kickstarter havia crescido e atingido a marca de mais de cem funcionários. O que tinha sido uma aventura emocionante parecia estar ficando cada dia mais sério.

Para o mundo lá fora, éramos um grande sucesso. Em 2013, o importante site de tecnologia TechCrunch indicou o Kickstarter ao prêmio de "Melhor StartUp Geral", ao lado do Twitter, Uber, Snapchat e Cloudflare. Apesar de ter de longe a menor equipe entre os concorrentes, o Kickstarter venceu.

---

* Respectivamente, uma revista sobre armas, um tabloide sensacionalista e uma revista anti-capitalista. [N. T.]

** Uma renomada revista de negócios. [N. T.]

Mas eu, por dentro, lutava contra a ansiedade. A pressão que sentia era imensa. Pessoas criativas dependiam de nossa ferramenta para financiar suas ideias. Funcionários e famílias dependiam da empresa para sobreviver. Havia uma reputação a zelar. Investidores e concorrentes nos quais pensar. Centenas de milhões de dólares que mudavam de mãos através de nosso sistema a cada ano. Chances diárias de que as coisas dessem errado.

Aquele peso nunca ia embora – em casa, nos fins de semana, com minha família, até em sonhos. Com o que eu não estava me preocupando mas deveria me preocupar? Não havia um botão de desligar.

Meu medo mais sombrio era sempre o mesmo: que estourasse um fato imprevisto, por eu ter sido incapaz de fazer algo que um CEO melhor teria sabido fazer. Esse era meu medo RAM, sempre rodando no fundo de minha mente: que eu não estava à altura.

Então, parado ali na fila do supermercado, a capa da *Harvard Business Review* tocou um nervo sensível em mim.

Seja paranoico. Subverta-se. Vá à guerra.

Talvez esse seja o meu problema, pensei. Não sou suficientemente paranoico.

Botei a revista no carrinho.

Objetivos de vida

Desde 1966, pesquisadores do Instituto de Pesquisas do Ensino Superior da Universidade da Califórnia (UCLA) conduzem o maior estudo do país sobre as atitudes dos estudantes universitários nos Estados Unidos.

A cada ano, a pesquisa Cirp Freshman faz aos alunos recém-matriculados as mesmas perguntas sobre seu histórico, hábitos e valores. Até o momento, 15 milhões de calouros nos Estados Unidos já as responderam.

Uma das perguntas convida os alunos a classificar seus potenciais objetivos de vida. Eles recebem uma lista de aproximadamente uma dúzia de opções e devem avaliar cada uma como "essencial", "muito importante", "um pouco importante" ou "nada importante".

Quando a pesquisa foi aplicada aos calouros de 1967, os objetivos de vida mais citados como "essenciais" ou "muito importantes" eram:

1. Desenvolver uma filosofia de vida significativa (85% diziam que isso era essencial ou muito importante).
2. Ser uma autoridade na minha área (70%).
3. Ajudar outras pessoas em dificuldades (63%).
4. Manter-se atualizado com os assuntos políticos (54%).
5. Ser bem-sucedido em um negócio próprio (44%).

E mais abaixo:

7. Estar muito bem financeiramente (41%).

Em 1970, os calouros responderam:

1. Desenvolver uma filosofia de vida significativa (79%).
2. Ajudar outras pessoas em dificuldades (74%).
3. Constituir família (72%).

4. Ter amigos diferentes de mim (65%).
5. Ser uma autoridade na minha área (60%).

E bem mais abaixo:

13. Estar muito bem financeiramente (28%).

A partir de meados da década de 1970, as respostas dos alunos começaram a mudar.

Após uma escalada constante nas décadas de 1970 e 1980, "Estar muito bem financeiramente" se tornou o objetivo de vida mais "essencial" ou "muito importante" pela primeira vez em 1989. Esse grupo, a turma formada em 1993, nasceu por volta de 1970 – no mesmo ano, foi publicado o artigo de Milton Friedman no *The New York Times*. Eles cresceram em um mundo onde a maximização financeira era normal. Suas aspirações – e as aspirações de todas as turmas que se seguiram – refletiam isso. "Estar muito bem financeiramente" tem sido a principal meta em quase todos os anos desde então.

Veja como os calouros responderam em 2016:

1. Estar muito bem financeiramente (82%).
2. Ajudar outras pessoas em dificuldades (77%).
3. Constituir família (71%).
4. Melhorar minha compreensão de outros países e culturas (59%).
5. Ser uma autoridade na minha área (58%).
6. Influenciar valores sociais (48%).

E mais abaixo:

8. Desenvolver uma filosofia de vida significativa (46%).

A meta de ser rico, que em 1970 era essencial para 28% dos calouros, passou a sê-lo para 82%. A maior variação na pontuação entre todas as opções. Ao mesmo tempo, o objetivo de desenvolver uma filosofia de vida significativa caiu quase pela metade.

Na década de 1960, quatro em cada cinco calouros universitários consideravam essencial ter um objetivo na vida. Em 2016, quatro em cada cinco já sabiam qual era esse objetivo: ser rico.

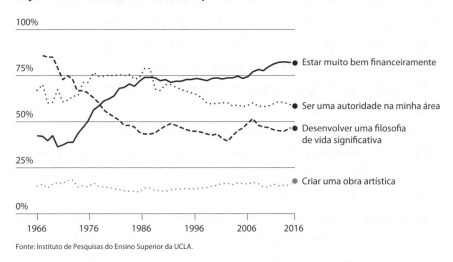

As atitudes entre os melhores e mais brilhantes indivíduos dos Estados Unidos mudaram radicalmente. "Em 1965, apenas 11% dos MBAs da Harvard Business School eram no setor financeiro", escreve a economista Mariana Mazzucato. "Em 1985, esse número havia atingido 41%, e tem crescido desde então." Ano após ano, turma após turma, nossa crença na maximização financeira se intensificou.

Modelos

Adam Smith, o fundador do capitalismo, escreveu que "a disposição de admirar, quase venerar, os ricos e poderosos e, ao mesmo tempo, desprezar ou pelo menos ignorar os pobres" era "necessária para estabelecer e manter a distinção entre níveis sociais e a ordem da sociedade".

Em outras palavras, os modelos de conduta de uma cultura determinam seus valores. Tanto em termos de quem eles celebram quanto de quem não celebram.

No mundo corporativo e da inovação, os modelos em que nos inspiramos são claros: são os ricos bem-sucedidos. Pessoas que realizaram seus sonhos, forçaram seus inimigos (sim, inimigos) a fracassar nos seus e ganharam centenas de milhões de dólares fazendo isso. Enquanto você faz tarefas domésticas num sábado, eles estão aprendendo mandarim e incentivando seus funcionários a trabalhar no feriado prolongado. "Sim, capitão!", responde a equipe sorridente, em uníssono, para o rosto do CEO nas telas sobre suas cabeças.

Por mais absurdo que pareça, imagens como essas influenciam nossas definições de sucesso. Se eu fosse mais rico... Se eu tivesse mais sucesso... Se eu fosse mais como eles e menos como eu...

Mas, seja por sua aparência, por sua cotação em relação a seus colegas ou pelo dinheiro que você possui, basear sua autoestima em uma validação externa não funciona.

Imaginamos esses objetivos externos como destinos finais. Quando os alcançarmos, tudo ficará bem. No momento em que recebermos a grande promoção, a cena se congelará como numa série de TV e os créditos vão começar a subir. Parabéns por vencer na vida! Nunca mais haverá nada com que se preocupar!

Não é assim. Na verdade, quando você chegar ao que achava ser a Terra Prometida, uma voz gritará: "Não, espere, ela está ali!". E você começará tudo de novo, tentando chegar a outro lugar. Mesmo quando você administra sua própria empresa, pode se pegar comprando uma revista num supermercado – por puro medo.

Outro estudo sobre objetivos de vida e estudantes universitários sugere uma explicação. Especialistas em motivação da Universidade de Rochester perguntaram aos alunos sobre seus objetivos de vida, como o estudo do Cirp mencionado anteriormente. Mas, dessa vez, os pesquisadores acompanharam os alunos um e dois anos depois, para saber se tinham atingido seus objetivos e como se sentiam em relação a eles.

Descobriram que as pessoas que tinham objetivos de vida "extrínsecos" – ou seja, objetivos externos, como riqueza, aparência física e reconhecimento – estavam menos satisfeitas na sua concretização do que as pessoas cujos objetivos eram "intrínsecos" – focadas em aprender, em melhorar ou ajudar outras pessoas. Atingir "metas de lucro", como os pesquisadores as definiram, era menos satisfatório que atingir "metas de propósitos".

Para os que atingiam metas de lucro, o sucesso não as tornava mais felizes. Na verdade, eles apresentavam mais ansiedade e depressão. Quando ter mais dinheiro deixa de nos satisfazer, aumentamos nossas metas financeiras, achando que isso vai resolver o problema. Não vai.

Nosso desejo por satisfação excede a satisfação da satisfação. Quanto mais temos, mais queremos. Quando nossas expectativas aumentam em relação às metas voltadas para o lucro, isso leva a uma fome insaciável por ser mais atraente, obter mais reconhecimento ou ganhar mais dinheiro. Essas são motivações poderosas, mas que fornecem um alívio apenas passageiro. Por outro lado, quando nossas expectativas aumentam para objetivos orientados para propósitos – como tentar ser melhor na nossa profissão, querer saber mais sobre um assunto ou buscar relacionamentos melhores –, essa motivação gera resultados frutíferos e duradouros: um trabalho que ajude outras pessoas, passos em direção a dominar o que se faz e uma comunidade mais sólida ao seu redor.

Quando baseamos nossas ideias de sucesso em motivações externas, entramos numa corrida sem linha de chegada. Não há vitória, apenas a corrida.

Sucesso amedrontado

Na era da Internet 2.0 – que durou cerca de dez anos e terminou com a eleição presidencial americana de 2016 –, crescimento rápido e grandes avaliações de mercado definiam a ideia disseminada de sucesso.

Em 2014, uma reportagem no *The New York Times* traçou o perfil de uma startup de software de RH chamada Zenefits, que, segundo a frase de abertura, é "uma das empresas que mais cresceram na história recente do Vale do Silício". O perfil nota com entusiasmo a rápida expansão da empresa, com investidores do primeiro time do Vale do Silício e uma recente avaliação "unicórnio" de 4,5 bilhões de dólares. A Zenefits era o mais novo sucesso a abalar o *Zeitgeist*.

Mas, nessa reportagem, um homem chamado Parker Conrad, fundador e CEO da Zenefits, dava uma série de declarações surpreendentes, em tom ofegante. Enquanto o *Times* e os investidores citados no texto comemoravam o crescimento da empresa, veja como Conrad o descrevia: "Mesmo quando achamos que as coisas estão indo bem, sempre dá a sensação de que as rodas estão prestes a sair dos eixos". E: "Os problemas que outras empresas têm um ano para resolver, nós temos tipo oito semanas... É incrivelmente assustador. Eu sinto que isso me tira anos de vida".

"Conrad muitas vezes se vê petrificado", escreve o *Times*. "Seus dias são uma série de tentativas apavorantes de escapar das garras de um fracasso repentino e involuntário."

Sucesso significa trazer disrupção a um setor e virar um unicórnio antes do café da manhã. O fato de alguém com esse sucesso todo estar publicamente pedindo socorro no *The New York Times* foi ignorado. Era mais fácil acreditar na imagem que nos foi apresentada do que na realidade à nossa frente. Isso está perfeitamente resumido no título da reportagem: "Líder da Zenefits está sacudindo um setor; então por que está tão estressado?".

Por que Conrad estava estressado? Porque a Zenefits era um serviço em rápido crescimento, que graças a esse crescimento havia agressivamente arrecadado quase meio bilhão de dólares em capital de risco, e por isso tinha que continuar apresentando essas taxas de crescimento – ou melhores – no futuro próximo. Um ano depois, Conrad foi demitido por violar os regulamentos estaduais na tentativa de manter esse ritmo. O *Times* informou que os membros do conselho da empresa vinham pressionando-o por um crescimento ainda mais rápido.

Embora extrema, a história da Zenefits não é rara. Para cumprir as excessivas expectativas dos investidores e de outros, as pessoas se detonam e tomam atalhos duvidosos para chegar lá. Muitas das histórias da série *Silicon Valley*, da HBO, são construídas sobre essa premissa, baseada em fatos reais.

Veja como Andrew Mason, ex-Groupon, cofundador e ex-CEO de outra empresa com "o crescimento mais rápido da história", descreveu sua situação:

> O Groupon começou com princípios realmente rigorosos sobre como o site funcionaria, sendo realmente pró-cliente. E, à medida que nos expandíamos, as pessoas na empresa diziam: "Ei, por que não tentamos fazer duas promoções por dia?", "Por que não começamos a enviar dois e-mails por dia?". E eu pensava: "Isso parece péssimo. Quem vai querer receber dois e-mails de uma empresa todos os dias?". E eles diziam mais ou menos assim: "Tudo bem, você acha péssimo, mas somos uma empresa guiada pelos dados, então por que não deixamos os dados decidirem? Por que não fazemos um teste?". E fazíamos um teste, e ele mostrava que talvez as pessoas cancelassem a inscrição a um ritmo um pouco mais alto, mas o aumento nas compras mais do que compensaria. Você entra numa situação em que aquilo não parece ser o correto, mas parece ser uma decisão racional.

O livro da RAND Corporation sobre teoria dos jogos definiu que ser racional é "ganhar o máximo possível com o jogo, com segurança, diante de um oponente habilidoso que esteja buscando um objetivo contrário". No mundo real, muitas vezes, obter imediatamente o máximo que você conseguir acarreta um custo em longo prazo. E, uma vez que as expectativas de crescimento ficam estabelecidas, esse termo atenuante, "com segurança", se torna cada vez mais opcional quando se trata de "ganhar o máximo possível com o jogo".

No começo, as empresas seguem o caminho da menor resistência – muito dinheiro, crescimento a qualquer custo, agir na hora e nunca pensar nas consequências –, até que ficam de mãos atadas por suas escolhas mais adiante. Depois que uma empresa abre suas portas para acolher a mentalidade de maximização financeira, é só questão de tempo até que esta comece a comandar o espetáculo.

Subverta-se

"Seja paranoico."

"Subverta-se."

"Vá à guerra."

Olhei para a *Harvard Business Review* ainda fechada sobre a mesa de centro da minha sala. *Por que inventei de comprar isto?*

Finalmente a abri. Que sabedoria assustadora estava prestes a me fazer pirar? A matéria de capa que induzia tanta paranoia era, na verdade, um artigo de dois sócios da McKinsey sobre margens de lucro.

Eu me senti como o garoto do filme *Uma história de Natal* decifrando uma mensagem secreta que nada mais era que uma simples propaganda... *Tudo isso – para isto?*

Joguei a revista longe. Mas, ao mesmo tempo, comecei a observar esse tom agressivo sempre que o encontrava no mundo dos negócios.

Comecei a vê-lo nas capas de revistas: este CEO quer sangue. Estas empresas são as donas do mundo.

Nas manchetes: a guerra pelo domínio tecnológico. A corrida armamentista da mídia via streaming. A Grande Guerra Tecnológica de 2012. A Grande Guerra da IA. Contabilizando as baixas no Vale do Silício.

No noticiário: textos e e-mails de Travis Kalanick, ex-CEO do Uber, incluíam expressões como "tempo de guerra", "queimar a aldeia" e "a parte que nos cabe". Mark Zuckerberg teria dito a seus líderes que o Facebook estava em "guerra" depois de sofrer críticas por seu envolvimento na interferência eleitoral.

No jargão empresarial cotidiano: destruir a concorrência. Caçar funcionários alheios. Capturar um mercado.

Esse linguajar não tinha nada a ver com a construção de uma organização forte, com a tomada de boas decisões ou com a melhora do *status quo*. Pelo contrário. Esse é o linguajar da violência, da conquista e da guerra.

Como aprendemos com o Jogo de Wall Street e com o Jogo da Comunidade, as palavras importam. Esse linguajar está nos dizendo como jogar o jogo.

Compita, não coopere. Ganhe, não importa como. Maximize financeiramente ou morra. As instruções são claras, mas uma pergunta fica sem resposta: quando jogamos o jogo desse jeito, quem ganha?

***

Algumas dessas mesmas publicações que despertaram minha ansiedade já me descreveram como alguém que "chegou lá". Você pode achar que isso me tornaria imune às comparações que esses ideais criam. Infelizmente, não é o caso.

Claro, eu tinha chegado até aqui, mas eu era um zé-ninguém lá de Clover Hollow, na Virgínia. Outras pessoas eram os inteligentes e bem-sucedidos. Eu só tinha dado sorte.

Quando lia histórias sobre CEOs muito bem-sucedidos que nunca paravam de trabalhar, nunca paravam de vender e viviam sem medo nem remorso, eu me julgava. Sim, eu trabalhava o tempo todo. Sim, eu estava sempre representando minha empresa. Mas, quando olhava para mim mesmo, não via alguém que fosse cruel. Eu não sabia se um dia eu chegaria a ser assim.

Ao mesmo tempo que me apegava a essas imagens, eu me fazia uma pergunta muito difícil: *será que eu posso fazer esse trabalho e continuar sendo eu?* Não tinha muita certeza.

Eu não queria que outros soubessem das minhas dúvidas. Em ambientes sociais, a diferença era particularmente acentuada.

Um CEO em um evento: "E aí, como vão as coisas?".

Outro CEO: "Tudo ótimo! Melhor do que nunca. E não para de melhorar".

Outro CEO: "Ah, vá! Igualzinho comigo!".

Eles se viram para mim: "Como vão as coisas?".

Eu: "Tudo ótimo! Melhor do que nunca. Eu nem sabia que as coisas poderiam ir tão bem!".

Todo mundo é um departamento de RP ambulante. Eu temia que, se eles soubessem o que estava passando pela minha cabeça, eu seria confirmado como o impostor que eles já sabiam que eu era.

Eu saía mais cedo do evento e voltava para casa, para trabalhar mais. Na minha mesa de cabeceira havia meia dúzia de livros de liderança e estratégia para devorar todas as noites antes de adormecer, quando então eu podia sonhar com coisas novas que me preocupassem. A resposta para minha dúvida íntima estava ali em algum lugar. Se me esforçasse, eu a encontraria.

Não vivemos somente pelo pão

Apesar das minhas lutas internas, o Kickstarter estava seguro. Desde o primeiro dia, ele era uma empresa voltada para propósitos, não para lucros. Não estávamos interessados em jogar o jogo que os outros estavam jogando. Tínhamos deliberadamente nos excluído dessa corrida.

O Kickstarter era o oposto do Zenefits e do Groupon. Enquanto eles arrecadavam grandes quantias em capital de risco e geravam expectativas de grandes rendimentos, nós víamos o caminho do hipercrescimento como o que ele é: retornos de curto prazo em troca de compromissos de longo prazo.

Nossa estratégia lenta e constante era diferente do que nossos colegas vinham fazendo. Num período de muito dinheiro e rápido crescimento, viramos as costas para a maneira como os outros pensavam no sucesso, preferindo lutar por nossos próprios ideais e metas, como a de fazer sucesso em longo prazo sendo uma corporação de benefício público.

Ainda assim, houve momentos em que duvidei de nosso rumo. Um mês depois de assumir o cargo de CEO, outras duas empresas na nossa área anunciaram um total combinado de 60 milhões de dólares em financiamento de importantes capitalistas de risco, com o objetivo de nos enfrentar. Foi um momento decisivo. *Deveríamos fazer o mesmo?* Mantivemos nosso rumo, e esse momento passou.

Foi durante minha época como CEO que me deparei com um livro que me infundiu uma nova confiança. *Não vivemos somente pelo pão* era uma coletânea de artigos com base na longa carreira de um empresário japonês chamado Konosuke Matsushita.

Matsushita teve uma vida extraordinária. Em 1918, ele fundou uma das primeiras companhias elétricas no Japão, que dirigiu por mais de quarenta anos. Essa empresa continua a operar ainda hoje, sob o nome de Panasonic. *Não vivemos somente pelo pão* compartilha filosofias e lições da longa carreira de Matsushita, que é notável não somente por sua longevidade, mas também por sua ideia mais ampla de prosperidade.

Era assim que Matsushita se dirigia a seus funcionários em 1932:

> A missão de uma fábrica é superar a pobreza, aliviar a sociedade como um todo da penúria da pobreza e levar-lhe riqueza. As empresas e a produção não se destinam apenas a enriquecer as lojas ou fábricas do empreendimento em questão, mas toda a sociedade. E a sociedade precisa do dinamismo e da vitalidade das empresas e da indústria para gerar sua riqueza. Somente sob tais condições as empresas e as fábricas irão realmente prosperar.

Ao mesmo tempo, Matsushita declarava a meta de sua empresa para dentro de 250 anos: "A eliminação da pobreza deste mundo".

Ele falava a sério. Em 1936, Matsushita decidiu dar a seus funcionários um dia de folga por semana, quando os trabalhadores japoneses recebiam dois dias de folga *por mês*. Só em 1947 a folga semanal seria oficializada pela lei trabalhista japonesa.

Em 1960, Matsushita foi além, anunciando que a empresa seria a primeira do Japão a oferecer semanas de trabalho de cinco dias. "Precisamos de um aumento drástico na produtividade se quisermos competir com empresas estrangeiras", disse ele. "Ter dois dias de folga por semana nos ajudará a conseguir isso, dando-nos tempo suficiente para revigorar a mente e o corpo e maiores oportunidades para enriquecer nossa vida." Para produzir mais e melhor, Matsushita, de forma contraintuitiva, propôs que as pessoas trabalhassem *menos*. Ele instituiu os dois dias de folga semanais na década de 1960, mas só em 1980 isso se tornaria a prática na maioria das grandes empresas japonesas, e apenas em 1992 os funcionários públicos do país passariam a trabalhar cinco dias por semana.

Matsushita também era um orgulhoso capitalista. "Somente com um lucro razoável – nem muito, nem muito pouco – um empreendimento será capaz de se ampliar e prestar um serviço melhor a mais pessoas", escreveu ele. "Além disso, o empreendimento contribui para a sociedade ao pagar uma grande parcela de seus lucros na forma de impostos. Nesse sentido, é dever do empresário, como cidadão, obter um lucro razoável."

Matsushita definiu cinco espíritos que deveriam guiar sua empresa:

1. Espírito de serviço por meio da indústria.
2. Espírito de justiça.
3. Espírito de harmonia e cooperação.
4. Espírito de luta pelo progresso.
5. Espírito de cortesia e humildade.

Quase oitenta anos depois, muitas filiais da Panasonic ainda começam seus dias lendo esses valores em voz alta.

O contraste entre a maneira como Matsushita via o mundo e o tom de "subverta-se" da minha atualidade não poderia ser maior. As palavras desse ancião japonês foram transformadoras para mim. Pela primeira vez eu tinha um modelo de liderança. Um fundamento que me desse confiança para acreditar nos mesmos instintos dos quais eu havia duvidado por tanto tempo.

Esse conhecimento me ajudou a gerenciar melhor minhas emoções – que continuavam aflorando, é claro – e a integrar melhor a parte de mim voltada para valores com a parte voltada para os negócios. Eu tentava imaginar como Matsushita enxergaria uma situação, procurando o ponto de vista que me permitisse avaliar quais valores estavam mais em jogo. Na maioria das vezes, eu aprendia algo nesse processo.

Sentindo-me mais confiante, me abri com outros CEOs sobre minhas ansiedades. Fiquei surpreso ao saber que a maioria passava por sua própria versão da mesma coisa. E eu que pensava que todo mundo tinha chegado lá, e só eu estava destroçado. Que alívio imenso! Meus medos se tornaram até motivo de piada para mim, reconhecendo-os e ao mesmo tempo deixando que se dissipassem.

A saída

Nós sempre esperamos que nossas ansiedades sejam atendidas por nosso objetivo atual, qualquer que seja ele. Se determinada oportunidade rolar, aí estou feito. Somos como o ladrão de bancos que, ao notar que envelheceu, anuncia: "Só mais um trabalhinho e eu paro". Mas depois desse trabalhinho vem outro. E depois outro. Nossa linha de chegada nunca para de se mover. Eis aí a armadilha.

Como escapar disso? Há um versículo da Bíblia que nos explica como: Efésios, 6:12. Diz assim: "Pois não é contra homens de carne e sangue que temos de lutar, mas contra os principados e potestades, contra os príncipes deste mundo tenebroso".

De novo:

"Pois não é contra homens de carne e sangue que temos de lutar, mas contra os principados e potestades, contra os príncipes deste mundo tenebroso."

Em outras palavras: não odeie o jogador, odeie o jogo.

Na era da maximização financeira, somos recrutados para a luta de carne e sangue, ou seja, para ganhar o máximo de dinheiro possível. Essa é a razão de tudo. Mas, como vimos, há mais vitórias fugazes do que conquistas duradouras nesse jogo. Mesmo considerando as possíveis recompensas, o preço a pagar é alto.

Em vez de nos perdermos competindo uns contra os outros, devemos ter certeza de que estamos jogando o jogo certo. Enquanto nossos olhos estiverem voltados para a luta de carne e sangue, e não para o jogo em si, os "principados e potestades" – os governantes e as autoridades – permanecerão. Este é o jogo deles, afinal.

***

A maximização financeira parece inamovível. Uma jaula de ferro reforçada com materiais da era espacial e uma chave criptográfica inviolável. Algo que é e sempre será assim.

Mas mesmo isso um dia já foi novidade.

O *The New York Times* publicou o artigo de Milton Friedman em 1970 porque ele era um economista respeitado e tinha uma proposta. Estava escrevendo para convencer as pessoas de que sua ideia tinha méritos. Assim como eu, de maneira muito mais humilde, estou fazendo agora.

Vender essa ideia não foi tão fácil quanto você imagina. Era audacioso argumentar, em plena Guerra do Vietnã e no auge da Guerra Fria, que as empresas não tinham responsabilidade social além do lucro. Mas, com uma argumentação eficaz e ampla exposição, essa ideia acabou sendo aceita. Hoje, a maximização financeira é como o *high five*: os universitários não conseguem imaginar a vida sem ela.

Mas, apesar da aparente permanência do agora, a história não termina aqui. Todo destino é temporário. Este não é o fim. É só o começo.

PARTE II

6

O que é realmente valioso?

Se você tivesse a chance de reprogramar sua vida, é provável que se desse um aumento. Isso não faz de você uma pessoa gananciosa ou egoísta, e sim uma pessoa prática. A segurança financeira está correlacionada à qualidade de vida.

Estas são as dez pessoas mais ricas do mundo em 2019:

1. Jeff Bezos (Amazon)
2. Bill Gates (Microsoft)
3. Warren Buffett (Berkshire Hathaway)
4. Bernard Arnault (LVMH)
5. Carlos Slim Helu (America Movil)
6. Amancio Ortega (Zara)
7. Larry Ellison (Oracle)
8. Mark Zuckerberg (Facebook)
9. Michael Bloomberg (Bloomberg LP)
10. Larry Page (Alphabet/Google)

São as dez pessoas mais felizes do mundo? Provavelmente não. Mas provavelmente também não são as dez mais infelizes.

O preço de não ser rico é muito alto. Sobretudo hoje em dia. Já se disse que os Estados Unidos são um país onde os luxos são baratos e o essencial é caro. Os gastos crescentes com saúde, transporte, moradia e outras necessidades confirmam isso. Dois em cada cinco americanos (43%) não podem pagá-los todos os meses. Graças à economia do mullet, poucos americanos levam uma vida financeiramente segura.

As pessoas não estão loucas por basearem suas vidas nas necessidades financeiras. A segurança financeira é importante, e os benefícios dela vão muito além do dinheiro. Estudos mostram que a segurança financeira é um limiar crítico depois do qual é mais provável que a pessoa receba uma boa formação, seja saudável e esteja voltada para o longo prazo.

A argumentação contra a maximização financeira não é contra o dinheiro. É que, apesar de ela tornar algumas pessoas muito mais ricas, ao mesmo tempo também pode criar instabilidade financeira para diversas outras pessoas.

O libelo contra a maximização financeira não é antidinheiro. É pró-dinheiro. Só que é pró-gente também. A serviço das pessoas, o dinheiro pode ser uma força muito positiva. Por outro lado, se vivemos nossa vida servindo ao dinheiro – por escolha ou porque não temos escolha –, limitamos seriamente nosso potencial.

A importância do dinheiro

Em 1943, um sociólogo de 35 anos chamado Abraham Maslow publicou na *Psychological Review* um artigo intitulado "Uma teoria da motivação humana". Nele, Maslow teorizava que as pessoas atravessam uma série de necessidades na vida, e que cada necessidade é um degrau para a próxima. Segundo ele, há cinco necessidades que se apresentam para as pessoas:

1. Necessidades fisiológicas (comida, água, abrigo).
2. Segurança (de saúde, física, financeira).
3. Amor (família, amizades, pertencimento).
4. Estima (a motivação para alcançar, viver de forma significativa, ser reconhecido).

5. Autorrealização ("ser tudo o que alguém for capaz de ser").

O ideal é que a vida das pessoas avance através desses estágios. Depois de satisfazerem suas necessidades de sobrevivência e segurança, elas focariam o amor ou a estima. E assim por diante.

Se uma dessas necessidades não é atendida, no entanto, a pessoa se torna incapaz de avançar. Ela nem vê o passo seguinte. Veja como Maslow explicou:

> Se as necessidades ficarem todas insatisfeitas, e o organismo for então dominado pelas necessidades fisiológicas, todas as outras necessidades podem se tornar simplesmente inexistentes, ou deixadas em segundo plano. É justo, então, caracterizar todo o organismo dizendo simplesmente que ele está com fome, pois a consciência é quase completamente esvaziada pela fome [...] O anseio de escrever poesia, a vontade de comprar um carro, o interesse pela História americana, o desejo de um novo par de sapatos, num caso extremo, são esquecidos ou se tornam secundários.

É assim que os dois primeiros níveis de necessidade – sobrevivência e segurança – funcionam. Se uma pessoa se sente insegura, é muito difícil buscar amor ou estima e, em alguns casos, impossível. Se uma pessoa está doente ou tem problemas financeiros significativos (nos Estados Unidos, tragicamente, esses dois fatos costumam se unir), viver é praticamente uma questão de não entrar no vermelho.

Uma vez que a necessidade é satisfeita, ela passa para o segundo plano. Segundo Maslow, uma necessidade satisfeita existe "assim como uma garrafa cheia contém um vazio". A fome anterior é esquecida, mas pode voltar.

Esse conceito, comumente chamado de "hierarquia das necessidades de Maslow", continua sendo uma das estruturas mais citadas para entender o comportamento humano. Uma visualização comum da hierarquia (não feita por Maslow) apresenta as cinco necessidades como uma pirâmide, onde cada necessidade serve de base para a seguinte. Mas, como observa Maslow, a ordem "não é tão rígida" quanto as pessoas imaginam.

No artigo original de Maslow, o dinheiro nunca é mencionado como uma das necessidades. A década de 1940 era muito diferente de hoje em dia. Mas, no mundo moderno, a necessidade de segurança financeira é tão fundamental quanto a necessidade de segurança física. Isso significa que o dinheiro é muito importante. Na hierarquia de Maslow, porém, o dinheiro também está bem "embaixo" na lista. Embora algumas pessoas usem o dinheiro como sucedâneo da autoestima, o dinheiro não é um valor superior por si só. É, no entanto, um fundamento necessário para a busca de valores mais elevados.

Um estudo de 2010 do economista comportamental Daniel Kahneman, ganhador do Nobel, lança uma luz interessante sobre essa ideia. Kahneman encontrou uma correlação "estatisticamente significativa e quantitativamente importante" entre bem-estar emocional e renda. Sua pesquisa descobriu que, quanto mais uma pessoa ganhava, mais feliz ela era.

Mas isso era verdade apenas até certo ponto. A pesquisa descobriu que a correlação valia para salários de até 75 mil dólares por ano. Acima disso, o impacto de mais dinheiro sobre o seu bem-estar emocional se tornava muito menor. A felicidade não continuava aumentando no mesmo ritmo que o salário. Surpreendentemente, isso significa que dez pessoas selecionadas aleatoriamente e que ganhem pelo menos 75 mil dólares por ano podem ser tão felizes quanto as dez pessoas mais ricas do mundo. Talvez até mais felizes.

Esse limite de 75 mil dólares parece estranho até você considerá-lo do ponto de vista de Maslow. Ao ganharem mais dinheiro, as pessoas suprem suas necessidades de segurança financeira. Com mais segurança, o bem-estar delas aumenta. E pode acontecer de haver um ponto real em que a necessidade de segurança financeira esteja totalmente satisfeita. A pesquisa de Kahneman sugere que, nos Estados Unidos, um salário anual de cerca de 75 mil dólares pode ser esse ponto.

Mas por que o bem-estar emocional não continua crescendo na mesma velocidade que a renda?

Porque, quanto mais você tem algo, menos isso significa para você. Depois que uma pessoa satisfaz sua segurança financeira, estar "mais seguro financeiramente" deixa de fazer uma diferença tão significativa. Os economistas chamam esse fenômeno de "retornos decrescentes". Como beber mais água depois que você já matou a sede.

Pense nas outras duas necessidades de segurança nesse nível: sua saúde e sua segurança contra danos físicos. As sociedades atendem a essas necessidades dos cidadãos de maneira igualitária. Garantem a integridade física por meio de leis e da polícia, e a saúde de seus cidadãos por meio dos serviços públicos nacionais de saúde (em todos os países desenvolvidos, exceto nos Estados Unidos). Ao contrário do dinheiro, ambos são oferecidos igualmente a todos.

Mas, se a segurança física fosse distribuída da mesma forma como a riqueza é distribuída em nossos atuais níveis de desigualdade, Jeff Bezos teria uma força policial pessoal de 845 agentes, enquanto 163 milhões de americanos compartilhariam 1.565 policiais entre si. Isso é 1 para cada 104 mil pessoas. Nessa proporção, a polícia de Nova York seria composta por apenas 82 policiais vestindo seu uniforme azul.

Isso é obviamente um absurdo. O 837º policial de Jeff Bezos não o tornaria mais seguro. Ele só estaria levando o café para o/a policial número 836. Esses agentes seriam muito mais úteis num bairro que precisasse deles. Assim como o 135º bilionésimo dólar de Bezos significa menos para ele do que para alguém que não tem segurança financeira.

Isso não quer dizer que o 135º bilionésimo dólar de Bezos não seja ético nem imerecido. Esse dinheiro não apareceu por sorte e magia na sua conta. O importante é notar que, conforme alguém ganha mais dinheiro, menos significado este tem para o indivíduo. Num universo de maximização financeira, isto por si só é uma armadilha.

***

Enquanto escrevia este livro, conversei com algumas centenas de CEOs em um evento no interior do estado de Nova York. Além da história do Kickstarter, apresentei a tese de que a maximização financeira estava nos prejudicando.

Pude ver, pelo rosto das pessoas na plateia, que algumas realmente se conectaram com essa mensagem. E que muitas outras não. Depois, passei mais de uma hora batendo papo com as pessoas de ambos os grupos.

A conversa que mais me marcou foi com o CEO de uma construtora de médio porte. Ele apareceu com uma viseira na cabeça, um charuto no canto da boca e um brilho no olhar. Eu não fazia ideia do que esperar.

"Engraçado", me disse ele. "Antes de ganhar dinheiro, eu era um capitalista empedernido. Mas, agora que ganhei, sei lá o que eu sou." Continuei ouvindo a história que ele me contava. Ele tinha aprendido que o dinheiro não era tão significativo quanto ele pensava, mas ainda sentia o impulso de causar um impacto no mundo. Não tinha ideia do que deveria fazer para isso.

Maslow saberia o que dizer ao CEO da construção civil: que ele estava prestes a dar o próximo passo. Os próximos níveis – amor, estima, autorrealização e outros – estavam chamando por ele.

Muita gente tem dificuldade com esse passo. Você vai à escola para aprender a ficar muito bem financeiramente. Ninguém pergunta o que deveria acontecer depois disso.

É aqui onde toda a sociedade está presa atualmente. Ao focar a maximização financeira, estamos tratando o segundo degrau da hierarquia de Maslow como se fosse o topo. Mas, para sermos tudo o que somos capazes de ser, temos que continuar subindo. Como é possível que nosso objetivo seja algo menos do que isso?

O que conduz os conduzidos

Acreditamos que, ao maximizar o dinheiro, todo o resto vem atrás. Como o dinheiro pode ser trocado por outras coisas, o crescimento do dinheiro faz tudo o mais crescer.

Sob certas condições, isso pode ser verdade. Se o objetivo fosse aumentar a economia para que todos os cidadãos pudessem obter segurança financeira, o dinheiro poderia muito bem levar ao crescimento de todo o resto.

Mas maximização financeira não é segurança financeira em termos mais amplos. A maximização financeira não acredita em segurança financeira. Maximização financeira é fazer sua própria pilha crescer. E, quando se trata de fazer pilhas crescerem, não existe "o bastante".

Como a hierarquia de necessidades de Maslow deixa claro, nós nos limitamos quando o acúmulo de riqueza se torna o objetivo da vida. O dinheiro faz o mundo girar, mas só numa fração de seu potencial. Não é o mais alto aonde podemos chegar. Enquanto a maximização financeira for nosso foco, os maiores retornos, de maneira frustrante, permanecerão inalcançáveis.

O dogma do interesse próprio racional nos convenceu de que maximizar nossos desejos imediatos é a única estratégia racional. É a coisa empiricamente correta a se fazer. Mas há muitas evidências de que não é assim.

Em seu livro *Motivação 3.0*, o sociólogo Daniel Pink escreve sobre um estudo de 1969 da Universidade Carnegie Mellon. Nele, os pesquisadores deram a cada participante uma pilha de blocos para montar formas, com um tempo definido para criarem o maior número possível de formas.

O participante estava concentrado em criar formas, mas esse não era o foco do experimento. O experimento real começava no meio do teste, quando o pesquisador saía da sala durante um intervalo. Através de um espelho falso, os pesquisadores acompanhavam quanto tempo cada participante ocupava-se com os blocos quando estava sozinho, em vez de se dedicar à versão 1969 de mexer no celular, algo como pegar uma revista, por exemplo. Durante o intervalo, a maioria dos participantes continuou a ocupar-se com os blocos.

No dia seguinte, o experimento foi repetido, com uma diferença. Desta vez, foi dito a alguns dos participantes que eles receberiam um dólar por cada forma que montassem. Para os demais participantes, não houve menção a pagamento.

Mais uma vez, os pesquisadores deixaram a sala para uma pausa. E, novamente, os pesquisadores acompanharam quanto tempo cada participante se ocupou com os blocos enquanto eles se ausentavam. Notaram uma diferença. Os participantes a quem havia sido prometido dinheiro passaram mais tempo mexendo com os blocos durante o intervalo do que os outros.

No terceiro e último dia, os participantes voltaram de novo. Dessa vez, o grupo que havia sido pago anteriormente foi informado de que não havia dinheiro suficiente para pagar naquele dia. A terceira sessão não seria paga, assim como acontecera com a primeira. O grupo não remunerado continuou sem ser pago.

No meio do teste, os pesquisadores saíram novamente da sala para ver o que os participantes faziam. E aqui, novamente, observaram uma diferença.

As pessoas que haviam recebido pagamento no dia anterior passaram muito menos tempo concentradas no jogo durante esse intervalo. Menos tempo do que no dia em que foram pagos, e inclusive menos tempo do que no primeiro dia.

Podemos nos identificar com os participantes que foram pagos e deixaram de sê-lo. Você não vai me pagar hoje por algo que ontem me pagou? Mas que roubo! Provavelmente teríamos a mesma reação. Mas talvez uma injustiça ainda mais profunda esteja sendo cometida.

Considere o comportamento do grupo que nunca foi pago. No terceiro dia, eles jogaram o jogo por mais tempo do que nunca. Eles gostaram e queriam jogar mais. Estavam se divertindo.

Antes de os pesquisadores oferecerem dinheiro, o outro grupo se sentia do mesmo jeito. Mas, quando o dinheiro entrou e saiu de cena, isso mudou. O jogo não era mais divertido. Era por dinheiro.

Os participantes pagos tinham alguns dólares a mais do que os não remunerados. Isso é alguma coisa. Mas eles também perderam alguma coisa: a alegria que o outro grupo pôde vivenciar.

Pink faz referência a mais de cem estudos que revelam resultados semelhantes. Em muitas situações, o dinheiro pode ser uma força desmotivadora. Para tudo – do desempenho em um jogo até as taxas de doação de sangue e a decisão de permitir a energia nuclear em sua cidade. Em cada um desses casos, os pesquisadores descobriram que as pessoas eram mais eficazes ou mais generosas quando não havia dinheiro envolvido. Depois que o dinheiro entrava em cena, as pessoas não se saíam tão bem. Ficavam mais precavidas. Não queriam perder.

Ter o dinheiro como base da vida e da sociedade estabelece um limite para o que podemos ser. Não inspira o melhor de nós. Não mira o topo da pirâmide.

Pink cita três motivações que, segundo ele, dialogam com nossos valores mais elevados. São elas:

1. Autonomia: o desejo de decidir sobre o que fazemos.
2. Maestria: o processo de sermos melhores no que fazemos.
3. Propósito: o significado por trás do que fazemos.

Quando buscamos objetivos desse tipo, diz Pink, estamos dando o melhor de nós mesmos. Essas motivações não estão distantes dos níveis mais altos da hierarquia de Maslow.

As implicações do que Maslow e Pink sugerem são muito abrangentes. Elas também contradizem diretamente o espírito da maximização financeira.

Elas levam à conclusão de que há um lugar adequado para o dinheiro e um lugar inadequado para o dinheiro. Fornecem pistas de

O que é realmente valioso? 117

que há valores importantes diferentes do valor financeiro. E sugerem fortemente que basear nossas escolhas em valores não financeiros é racional e vantajoso. Se buscarmos valores mais elevados que o dinheiro, sugerem eles, nosso potencial crescerá.

Como controlamos o valor hoje

Ao longo dos últimos cem anos, temos medido o valor por meio de uma métrica chamada produto interno bruto (PIB). O PIB monitora quanto dinheiro as empresas, os consumidores e o governo gastam a cada trimestre em determinado país (esta é uma simplificação de como o PIB é calculado; você pode pesquisar a fórmula real no Google, se estiver curioso).

Quando o PIB sobe, isso significa que empresas, consumidores e governo estão gastando mais dinheiro do que no passado recente. Em termos econômicos, isso se chama economia em crescimento. Quando o PIB cai, significa que menos dinheiro está sendo gasto. Quando isso acontece durante pelo menos seis meses, chama-se recessão.

A pessoa que apresentou o mundo ao PIB foi um economista chamado Simon Kuznets. Ele propôs o conceito de PIB após a Grande Depressão, como uma visão panorâmica do que estava acontecendo na economia. Em uma década, virou um padrão global. Hoje, praticamente todas as economias da Terra são medidas do mesmo jeito.

Quando Kuznets propôs essa métrica, ele apontou algumas de suas limitações. Na proposta original enviada ao Congresso americano, em 1934, ele alertou: "Nenhuma medida de renda se propõe a estimar o lado contrário dela, ou seja, como foi intenso e desagradável o esforço para ganhar essa renda. O bem-estar de uma nação, portanto, dificilmente pode ser inferido por uma medida da renda nacional conforme definido acima".

Como algumas pessoas são forçadas a sacrificar sua segurança ou seus valores pessoais ("o esforço intenso e desagradável") para receber seus contracheques, argumentou Kuznets, não podemos concluir que sua renda e seu bem-estar sejam a mesma coisa.

O mesmo problema existe também no outro lado da balança.

O PIB monitora quanto dinheiro é gasto, mas não como ou por que ele é gasto. O PIB considera que gastar mil dólares nas férias familiares ou mil dólares com um advogado de divórcio é a mesma coisa. Ambos são mil dólares no PIB. A questão é quanto, não por quê.

Segundo o PIB, portanto, o cidadão ideal dirigiria um utilitário esportivo, teria câncer (a quimioterapia pode ser muito positiva para o PIB), se divorciaria e jantaria fora todas as noites. De acordo com nossa medida predominante de valor, isso seria o ideal. Se todos nós vivêssemos assim, o PIB dispararia.

Reconhecemos que não é assim, claro. Mas quando há tamanha disparidade entre o que o sistema de medição diz que é bom e o que nossa experiência nos diz que é bom, temos um problema. No âmago desse problema está a relação entre duas palavras muito parecidas.

Valor e valores

Embora as palavras "valor" e "valores" pareçam basicamente idênticas, tendemos a considerá-las como conceitos distintos.

Se você perguntar a alguém sobre seus valores, é provável que a pessoa responda articulando os ideais que considera mais importantes para si. As coisas em que ela acredita e que a definem.

Se você perguntar a alguém qual é o valor de alguma coisa, a pessoa vai pensar por alguns segundos antes de fornecer uma noção aproximada do valor: respostas como "muito", "não muito", um número ou uma comparação com outra coisa.

Pensamos em "valor" (singular) como sendo o que algo vale. E pensamos em "valores" (plural) como sendo o que algo vale para alguém.

"Valor" significa dinheiro. Valor é uma palavra da economia.

"Valores" significa ideais. Valores é uma palavra das ciências humanas.

Valor é uma forma de mensuração. Valores são uma forma de categorização. Um é quantitativo, o outro é qualitativo. Ambos estão relacionados à qualidade ou importância das coisas.

Estamos cercados por medidas de valor econômico. Preços, ações, medições financeiras como o PIB.

Também estamos cercados por valores idealistas, mas de formas menos visíveis.

Os valores são um sistema operacional antigo e poderoso. Não entendemos realmente como eles funcionam. Temos até dificuldade em articular quais são nossos valores. Mas sentimos sua influência.

Os valores formam quem aspiramos ser. Os valores nos vinculam àquilo que mais nos importa. Valores são aquilo que o anjo sobre nossos ombros nos diz para fazer. Os valores são o motivo pelo qual determinadas escolhas são as corretas para nós.

Mas, como sugere o tom sobrenatural dessas descrições, os valores não são fáceis de identificar. E são ainda mais difíceis de mensurar.

Esse é o problema que pode ser aliviado pelo aspecto econômico do valor. Diferentemente dos diálogos íntimos e dos monólogos filosóficos sobre valores, um valor na forma de preço é algo que qualquer um consegue entender. O dinheiro é uma linguagem globalmente relevante. Isso é muitíssimo conveniente.

À medida que a força da maximização financeira crescia, a sociedade migrou de um foco nos valores (o que é certo e errado, o que é significativo) para um foco no valor (maximização, otimização). Nossas escolhas deixaram de ter relação com os ideais e passaram a ter relação com o dinheiro.

Há razões compreensíveis para isso. O valor pode ser mais preciso que os valores. É mais fácil comparar o valor em contextos diferentes. Existem muitas ferramentas tecnológicas para mensurar o valor (singular) e poucas para os valores (plural). O que é medido superou o que não é.

Mas, quando nosso único conceito de valor é financeiro, há uma dissonância cognitiva entre como as pessoas querem viver e como nossas métricas querem que vivamos. Esse é um desalinhamento perigoso.

Lembre-se: nossa principal métrica de valor (PIB) só conta algo como valioso se alguém tiver gastado dinheiro com isso. De acordo com essa lógica, o único valor que o Google e o Twitter agregam ao mundo são os blocos de anúncios que eles vendem. A disseminação do conhecimento não é valiosa, mas a coleta de dados e a publicidade direcionada são. O que vemos como a desvantagem fatal desses serviços é o que nosso conceito atual de valor vê como sua única razão de ser.

O PIB não enxerga como valioso o trabalho doméstico de mulheres e homens em suas próprias casas (estimado, só para as mulheres, em 12 trilhões de dólares de PIB não contabilizado), enquanto uma mulher ou homem que limpe a casa de outra pessoa tem valor.

O PIB diz que a Wikipédia talvez tenha um valor negativo. Se não houvesse a Wikipédia, as pessoas ainda comprariam enciclopédias. E todos esses editores voluntários da Wikipédia poderiam fazer algo realmente valioso com seu tempo, como trabalhar por dinheiro.

Meu objetivo não é apenas criticar o PIB. Qualquer métrica pode ser apresentada como tola se for empurrada para além de suas fronteiras naturais.

O que quero dizer é que a realidade do valor já está além de nossos sistemas de mensuração. Nossa resposta para isso não deveria ser ignorar o que está além de nossos sensores. Deveria ser aprender mais sobre os valores que existem fora de nossa compreensão atual. O valor financeiro é um valor-chave, com certeza, mas sabemos que não é o único.

Não surpreende ver aonde chegamos. Investimos enormemente em otimização. "Avalie o que importa." Portanto, se há algo que não mensuramos ou não podemos mensurar, então isso não deve importar. E valores não são algo que sabemos mensurar de forma consistente hoje em dia.

A maneira como pensamos em valor nos mantém lá embaixo na hierarquia de Maslow. Quando nossa mira está embaixo, que valores mais elevados estamos perdendo de vista? Para encontrá-los, precisamos de uma maneira diferente de ver.

O que é realmente valioso? 121

Bentoísmo

Expandindo o universo

Quando imagino o interesse próprio que domina o mundo atual, visualizo um gráfico simples. No eixo x está o tempo. No eixo y há algum valor – dinheiro, poder, unidades vendidas – que cresce exponencialmente.

Nos negócios e na tecnologia, esse gráfico é chamado de "taco de hóquei". Um gráfico em que tudo o que está sendo medido cresce muito rapidamente e, portanto, a linha sobe e vai para a direita. Esse é o melhor resultado final para qualquer decisão.

Mas essa ideia de "chegar lá" é só uma fatia do que existe. Enquanto nos concentramos tanto em maximizar nosso interesse próprio, há um universo maior que não notamos. Quando damos um passo para trás, esse quadro maior começa a surgir.

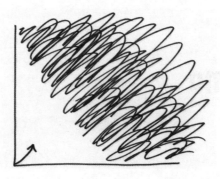

Nosso interesse próprio agora não termina mais em nós mesmos. Não existimos em um vácuo. Vivemos dentro de comunidades de pessoas que são afetadas por nossas decisões, e cujas decisões nos afetam. Nossas decisões também afetam o que seremos no futuro.

Podemos ver isso no próximo gráfico. O eixo x do tempo se estende de agora até o futuro. E o eixo y do interesse próprio se estende de você ("Eu") até sua família, amigos e comunidades ("Nós").

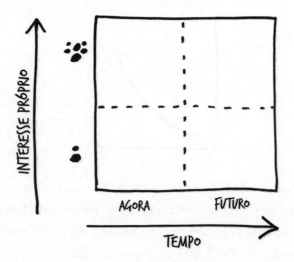

Nessa visão ampliada do interesse próprio, o que queremos imediatamente continua lá. Mas outras perspectivas racionais também aparecem. Temos que pensar no nosso futuro. Nas pessoas que importam para nós. E no futuro de nossos filhos e dos filhos de todo mundo.

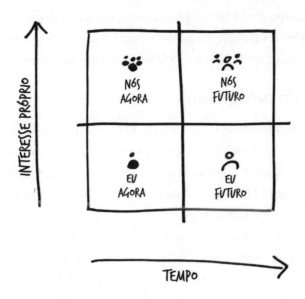

Cada um desses espaços nos afeta e é afetado por nós. As perspectivas deles têm a ver com nosso interesse racional.

Chamo essa visão de bentoísmo – o termo bentô em referência às tradicionais marmitas japonesas.

Bentô é uma palavra japonesa que significa *conveniência*. Um bentô é sempre preenchido com diversos alimentos. Só um pouco de cada coisa. O bentô honra a filosofia japonesa do *hara hachi bu*, segundo a qual o objetivo de uma refeição é deixar a pessoa 80% satisfeita. O bentô cria um padrão oculto conveniente e saudável.

O bentoísmo é um bentô para nossos valores e decisões. Uma visão mais equilibrada do que convém ao nosso interesse próprio racional. Uma maneira de redescobrir os valores que hoje achamos difíceis de ver.

O bentô do prisioneiro

Descrevi anteriormente o Dilema do Prisioneiro, um jogo em que dois jogadores em salas de interrogatório separadas devem escolher entre serem leais ao parceiro e irem para a prisão, ou delatarem-no para ganhar a liberdade. Devido aos parâmetros do jogo, delatar seu parceiro é a coisa mais racional a fazer.

Você deve lembrar que, quando as secretárias da RAND o jogaram, elas não se delataram. Ao invés disso, se uniram e alcançaram o melhor resultado, que é uma pena total menor. Mas, de acordo com a lógica do jogo, elas não jogaram racionalmente. A atitude racional era maximizar o interesse próprio, o que significa trair seu parceiro em vez de permanecer leal a ele.

O que uma perspectiva bentoísta faz com o Dilema do Prisioneiro?

Para descobrir, fazemos a pergunta a cada compartimento do bentô: devemos permanecer leais ao nosso parceiro ou devemos delatá-lo? Como os pontos de vista de cada canto do bentô respondem?

Eu Agora é a voz mais diretamente interessada. Está no modo de autopreservação. Está disposta a dizer qualquer coisa às autoridades para evitar a própria prisão.

Nós Agora considera as pessoas ao nosso redor, as necessidades delas e como nossas escolhas as afetam. Seus instintos são de solidariedade, e ela não quer mandar nosso parceiro para a cadeia.

Eu Futuro é a pessoa que você quer ser. Não quer que você tome uma decisão da qual se arrependa mais tarde. Essa voz relembra seus valores (quaisquer que sejam eles) e encoraja você a permanecer fiel a eles.

Nós Futuro é o mundo que você deseja para seus filhos. Como as coisas deveriam ser. O Nós Futuro prefere viver num mundo onde se possa confiar no próximo, ao invés de num mundo onde não se pode.

O debate é entre as vozes do Eu Agora e do Nós Agora. Mas a decisão é tomada pelos valores do Eu Futuro. São os valores da pessoa que no fim das contas falam mais alto.

As secretárias da RAND escolheram o Nós Agora em vez do Eu Agora porque era isso que seus valores lhes diziam para fazer. Seguindo a lógica do jogo, isso era irracional, porque elas não estavam maximizando seu interesse próprio. Mas, de acordo com o bentoísmo, elas estavam agindo conforme seu interesse racional, só que com uma noção mais ampla do que o Dilema do Prisioneiro comporta.

O Dilema do Prisioneiro demonstra a racionalidade de maximizar o interesse próprio – e ao mesmo tempo destaca como é limitada nossa visão de interesse próprio. Quando não podemos ver além do Eu Agora, o mundo parece uma batalha entre indivíduos interessados em si mesmos. O domínio da maximização financeira depende dessa perspectiva limitada. Quando nossa ideia sobre o que é de nosso interesse próprio racional é limitada, nossa ideia de valor também é.

Devo me manter calado ou delatar?

Nunca se deve trair um amigo NÓS AGORA CALADO	**O mundo precisa de mais lealdade** NÓS FUTURO CALADO
Não quero ser preso EU AGORA DELATAR	**Meus relacionamentos são essenciais!** EU FUTURO CALADO

Expandindo o valor

O bentoísmo não é uma utópica página em branco. Ele se baseia no mundo ao nosso redor.

Como a maximização financeira, o bentoísmo luta por princípios racionais e mensuráveis. O bentoísmo busca ampliar algumas das ferramentas da maximização financeira, levando-as a um conjunto mais amplo de valores. E, como Adam Smith, o bentoísmo acredita que coisas boas acontecem quando as pessoas agem segundo seu interesse próprio racional.

Mas o bentoísmo também acredita que nossas definições de "racional" e "interesse próprio" são estreitas demais. Achamos que valor racional significa valor financeiro. E que interesse próprio é satisfazer nossos desejos imediatos. Mas nenhum desses pontos de vista se aproxima do espectro total do que é valioso ou racional.

O pensamento atual diz que:

1. É racional se comportar com base em seu próprio interesse.
2. A maximização do valor financeiro é de seu interesse.
3. Portanto, a maximização financeira é o valor racional o tempo todo.

O bentoísmo diz que:

1. É racional se comportar com base em seu próprio interesse.
2. Seus valores e o contexto moldam seu interesse próprio.
3. Portanto, tomar decisões específicas para determinados valores e contextos é racional o tempo todo.

Aristóteles disse que o valor reside na "atividade ou no funcionamento adequado das coisas, de acordo com sua natureza". O objetivo do bentoísmo é nos ajudar a encontrar os valores e formas adequados de valorizar tudo o que fazemos. Por mais simples que soe, essa é a mudança crítica que pode nos levar além do domínio da maximização financeira.

A maximização financeira impõe uma perspectiva monoteísta ao valor. Somente o dinheiro e seus asseclas, como a inveja e a ganância, são livres para operar de acordo com sua natureza. Todos os outros valores devem operar conforme as exigências do dinheiro. A ciência é valorizada desde que produza lucros. A criatividade é valorizada se funcionar nas bilheterias. A generosidade é valorizada quando aumenta a consciência de marca.

Mas o valor não é monoteísta. O valor é pluralista. Diferentes pessoas e comunidades, com todo o direito, almejam e seguem ideais diferentes. E contextos diferentes racionalmente pedem valores diferentes.

Se você está em dúvida entre investir na Empresa A ou na Empresa B, perguntar-se qual produzirá o maior retorno financeiro é uma maneira racional e apropriada de tomar uma decisão. Se você perguntar qual empresa é mais corajosa ou mais bonita, terá menos chances de chegar ao resultado ideal. Esses não são os valores mais relevantes a serem consultados.

Quando um juiz decide qual parte de uma disputa judicial deve prevalecer, os valores da justiça e da lei são racionais e apropriados. Não vem ao caso qual lado é mais atraente, tem mais influência ou gastou mais dinheiro na sua defesa.

Enfim, essa é a ideia. Mas a maximização financeira é uma força dominante. Os valores e as filosofias que deveriam por mérito governar nosso pensamento não o fazem, por causa do predomínio da maximização financeira. A maximização financeira domina com justiça alguns domínios, mas muitos outros ela domina tiranicamente. A demolição dos valores comunitários pelos valores financeiros no Lower East Side é um exemplo, conforme já vimos.

Enquanto a maximização financeira exige foco no aqui e no agora, outros valores enxergam uma perspectiva mais ampla. O amor nos encoraja a abandonar nosso egoísmo para sermos um parceiro melhor. A fibra nos leva a continuar tentando, mesmo quando queremos desistir. A coragem nos inspira a avançar em uma missão perigosa. Esses valores exigem, corretamente, que sacrifiquemos nosso interesse pessoal imediato em nome de uma recompensa maior.

São decisões que a mentalidade atual, tão voltada para o interesse próprio racional, entende errado. Exceto em circunstâncias específicas, o foco no valor financeiro desconsidera os valores e as formas de avaliação que levarão aos melhores resultados. Sua visão de valor é muito limitada. Nessas situações, outros valores além do valor financeiro devem ser nosso guia.

O relógio de ouro

No filme *Pulp Fiction*, Bruce Willis interpreta um pugilista chamado Butch.

Butch é um velho lutador que tem só mais uma luta pela frente. E ele concorda em entregar essa luta depois de ser pago por um gângster. "No quinto [*round*], minha bunda vai despencar", repete-lhe Butch obedientemente.

Mas, quando chega a hora, Butch não faz o combinado. Ele vence a luta, dá uma rasteira nos mafiosos e salta por uma janela. A salvo com sua amante, Fabienne, em um quarto de hotel, Butch está pronto para fugir.

Só que...

Só que, ao se preparar para a fuga, Butch descobre que Fabienne se esqueceu de pegar o relógio. E não era um relógio qualquer. Era o relógio de ouro de seu pai, herói de guerra. O mesmo relógio de ouro mencionado no início do filme pelo personagem de Christopher Walken, que descreve de forma memorável como ele havia sido escondido em um lugar bastante desconfortável.

Mesmo sabendo que os gângsteres certamente estariam esperando por ele, Butch decide voltar ao seu apartamento para buscá-lo. A partir daí, Butch vive, como ele diz depois, "sem dúvida o dia mais estranho de toda a minha vida". O que é um eufemismo. Ele quase morre diversas vezes, e várias pessoas são assassinadas. Tudo porque ele voltou para pegar um relógio.

Então, Butch foi racional ao decidir voltar?

Parece uma pergunta estranha. Mas lembre-se: o padrão oculto do mundo moderno é que maximizar o aqui e agora é a única maneira racional de se comportar. É isso que Butch está fazendo? Ele está maximizando seu interesse próprio?

Não parece. Se estivesse agindo conforme seu interesse racional, ele não poderia simplesmente comprar outro relógio? No entanto, Butch, um personagem que parece tão racional, escolhe voltar.

Antes de menosprezar a escolha de Butch como sendo o tipo de maluquice que só acontece nos filmes, devemos considerar se existe uma perspectiva que tornaria a decisão racional. Tente enxergar através dos olhos dele. Existe algum valor que ele vê e nós não?

Bentoísmo   131

No roteiro original de *Pulp Fiction*, escrito por Quentin Tarantino, há uma cena que não ficou na montagem final e que ajuda a responder a essa pergunta. Nela, Butch está voltando de carro para pegar o relógio quando começa a repensar sua decisão. Ele encosta, sai do carro e começa a falar sozinho.

BUTCH

Não vou fazer isso. É coisa de quem está lesado, e eu não estou! O papai iria entender, porra. Se ele estivesse aqui, ele diria: "Butch, segura a onda. É uma porra de um relógio, cara. Perdeu um, arruma outro. É a tua vida que você tá jogando fora, e você não deveria fazer isso, porque só tem uma".

Butch continua a andar, mas agora está em silêncio. Então...

BUTCH

Esta é a minha guerra. Sabe, Butch, o que você está esquecendo é que este relógio não é só um aparelho que permite contar o tempo. Este relógio é um símbolo. É um símbolo de como o seu pai, o pai dele e o pai dele antes dele se distinguiram na guerra. E, quando peguei o dinheiro de Marsellus Wallace, eu comecei uma guerra. Esta é a minha Segunda Guerra Mundial. Aquele apartamento em North Hollywood, aquela é a minha Ilha Wake. Na verdade, vendo por esse lado, é quase uma coisa do destino que a Fabienne o tenha esquecido. E, segundo essa perspectiva, voltar por causa dele não é idiota. Pode ser perigoso, mas não é idiota. Porque tem certas coisas neste mundo pelas quais vale a pena voltar.

No monólogo de Butch, podemos ouvir seu processo de tomada de decisão. Quase parece que ele está checando um bentô.

O **Eu Agora** lhe diz para ir embora. É só um relógio. "Não vou cair nessa. É coisa de quem está lesado, e eu não estou!"

O **Nós Agora** diz para pensar em Fabienne – e cair fora. "É a tua vida que você tá jogando fora."

132   Um novo jeito de pensar o futuro

O **Eu Futuro** relembra Butch de seus valores e o encoraja a permanecer fiel a eles. "O que você está esquecendo é que este relógio não é só um aparelho que permite contar o tempo. Este relógio é um símbolo."

O **Nós Futuro** diz a Butch que o relógio simboliza o legado de sua família. Ele tem que voltar e pegar. "É quase uma coisa do destino que a Fabienne o tenha esquecido."

Devo voltar para pegar o relógio?

Pensa na Fabienne – é só um relógio	A família de Butch nunca foge da briga
NÓS AGORA	**NÓS FUTURO**
NÃO	SIM
Não vale a pena morrer por isso – CAI FORA!	O relógio é um símbolo da minha linhagem
EU AGORA	**EU FUTURO**
NÃO	SIM

Vista pelas lentes do bentoísmo, a decisão de Butch é racional. Como ele diz: "Pode ser perigoso, mas não é idiota. Porque tem certas coisas neste mundo pelas quais vale a pena voltar". Coisas como valores. Ao escolher racionalmente usando uma perspectiva tipo bentô, Butch encontra seus valores, pega o relógio e sai vivo para contar a história.

Os valores do bentô

Num mundo complicado, a maximização financeira é um simplificador. É um martelo que transforma a vida toda em um prego. Há apenas um objetivo: ganhar o máximo de dinheiro possível. O resto se resolve sozinho.

O processo bentô de Butch, por outro lado, parece *trabalho*. Ele faz um autoexame. Ele se ajusta. À primeira vista, pode parecer árduo e até inconveniente – mais uma coisa em que temos que começar a pensar?

Provavelmente foi assim que algumas pessoas se sentiram quando a chave de fenda foi inventada, no final do século 15. Até então, todo problema era realmente um prego esperando para ser martelado. Então, por que de repente estamos complicando tudo com outra coisa? Os martelos construíram a Arca de Noé, não? Não está bom o suficiente?

As pessoas na época não sabiam, mas a vida só com martelos era limitada. A chave de fenda abriu novas possibilidades. A construção tornou-se mais complexa. Os materiais ficaram mais leves. Novos campos de engenharia foram criados. Tudo por causa de uma nova ferramenta.

O bentoísmo também é uma ferramenta: um processador de valores. "O que diz meu bentô?" é uma versão metafísica de "chave de fenda ou martelo?". Uma autoavaliação sobre o que convém mais ao material que está à mão.

Cada compartimento do bentô tem seus próprios valores centrais e formas de avaliação que estabelecem as normas para esse espaço. Eles não abrangem todas as possibilidades de valor. Só o que está no nível raiz.

O Eu Agora diz respeito ao aqui e agora. É a vida tal qual a conhecemos hoje. No Eu Agora, os valores que governam são segurança, prazer e autonomia.

A **segurança** reflete os primeiros degraus da hierarquia de necessidades de Abraham Maslow. Segurança é a voz que nos leva a cuidarmos de nós mesmos. A motivação por dinheiro que realmente é do nosso interesse. Esse valor rege o Eu Agora porque o trabalho do Eu Agora é nos manter a salvo de danos.

O **prazer** é um curinga. Pode ser uma razão maravilhosamente válida para fazer algo. Buscar e experimentar o prazer faz parte da espécie humana. Mas o prazer pode facilmente nos desviar. Hoje, a maioria das atividades é em busca de segurança ou de prazer.

Autonomia é ter liberdade de decidir o que fazer ou não fazer. A autonomia existe nos estados imaturos (ignorar conselhos sensatos) e nos estados maduros (descobrir aquilo em que somos melhores e fazê-lo da forma que for melhor para nós). Para alguns, a busca por autonomia é o objetivo máximo. Para outros, é aterrorizante. Por exemplo, alguém que deseja fortemente a segurança, para obtê-la, pode renunciar voluntariamente à sua autonomia.

O Nós Agora é um espaço para nossos relacionamentos e interações. Ele é guiado pelos seguintes valores: comunidade, senso de justiça e tradição.

Comunidade diz respeito a nossa família e a outras pessoas em quem confiamos e que confiam em nós. O que elas precisam de nós, e o que precisamos delas? Quem se encaixa nesse compartimento varia segundo o contexto: família, amigos, colegas de trabalho, vizinhos, pessoas que compartilham a mesma fé e até pessoas que jogam juntas num modo cooperativo.

O **senso de justiça** amplia nossa consideração para que possamos abranger não só aqueles que nos importam diretamente, mas

também para que possamos nos colocar na pele dos outros. Ele exige que as pessoas sejam tratadas da maneira como gostaríamos de ser tratados. O senso de justiça exige justiça, e uma justiça justa, diga-se de passagem. O senso de justiça é crucial por outro motivo. Num futuro em que o valor financeiro seja apenas o líder de mercado do valor, e não o seu monopolista, os princípios da justiça guiariam os conflitos de valores quanto estes surgissem.

A **tradição** cria e reforça o senso de "nós", celebrando experiências e rituais compartilhados. Subestimamos muito o poder e os benefícios da tradição. Ela aumenta a riqueza da vida, criando experiências paralelas com o passado e – pela continuação da tradição – com o futuro ("Você dormiu nesta cama quando bebê, e agora sua filha vai dormir também"; "É quase uma coisa do destino que a Fabienne tenha esquecido [o relógio]").

O Eu Futuro diz respeito ao nosso legado e a nossos valores pessoais. Ele é guiado pelos valores da maestria, propósito e fibra.

A **maestria** está ligada à paixão por melhorar sempre, mesmo que você já seja muito bom no que faz. É a busca por ela que faz Jiro sonhar com sushi[*] e cada álbum dos Beatles ser melhor que o anterior. O crescimento na busca pela maestria é o mais puro dos objetivos. Ter

---

[*] Referência ao documentário *Jiro Dreams of Sushi* (2011), sobre o sushiman Jiro Ono, de mais de 80 anos. [N. T.]

maestria não exige mais recursos da Terra ou de ninguém. Exige mais de nós mesmos.

O **propósito** dá clareza e significado às nossas escolhas. Ele aguça nossos talentos e os utiliza para uma causa válida. O propósito torna significativo aquilo que é banal ou aparentemente desagradável. Pode ser uma religião, uma causa ou um objetivo.

A **fibra** se expressa como uma espécie de aderência. Ela nos encoraja a permanecer apegados a nossos valores e convicções. A viver a vida do obituário que gostaríamos de ter.

Por fim, o Nós Futuro diz respeito ao mundo que as futuras gerações experimentarão. Os valores que guiam o Nós Futuro são consciência, sustentabilidade e conhecimento.

Bentoísmo 137

A **consciência** nos pede que pensemos nas implicações. Paramos para imaginar o que aconteceria se todos tomassem essa mesma decisão? Estamos levando em conta os efeitos de longo prazo? Sofremos para antecipar o futuro por uma boa razão: o mundo muda de maneiras que não conseguimos prever. Mas muitas dessas mudanças nós somos capazes de prever com um estudo cuidadoso. Para que haja uma existência pacífica, desastres precisam ser impedidos.

A **sustentabilidade** nos encoraja a tomar decisões que podem ser permanentes. Hoje em dia achamos que "não podemos nos permitir" muitas das soluções sustentáveis que um dia teremos que adotar por causa das mudanças climáticas. Esse argumento está de ponta-cabeça. Podemos, sim, nos permitir sacrificar o hoje pelo amanhã. O que não podemos é nos permitir o contrário.

O **conhecimento** aumenta nossa capacidade de conscientização, sustentabilidade e todas as outras formas de valor. O acúmulo e a aplicação do conhecimento são um multiplicador de forças capaz de gerar qualquer coisa, da tecnologia e ciência à filosofia, trazendo consigo novos modos de vida. Os ganhos através do conhecimento elevam o patamar para toda a sociedade. No entanto, o conhecimento novo costuma ser temido e desprezado, porque desafia a ordem dominante. Afinal de contas, foi por comer da Árvore do Conhecimento que Adão e Eva foram expulsos do Éden.

Na próxima página você encontra os compartimentos do bentô e os valores que os guiam, todos juntos.

O bentoísmo amplia nossa perspectiva para além do Eu Agora e desafia a premissa de que o valor financeiro é o único valor racional a ser considerado. Todos esses valores são motivos racionais para agir. São razões válidas pelas quais algo deve ou não acontecer. O que é racionalmente valioso e do nosso interesse racional é maior do que pensamos.

A expansão da compreensão com base nesse raciocínio não é algo inédito. Basta ir ao médico para ver por si mesmo.

Valores-guia

NÓS AGORA Comunidade Senso de justiça Tradição	**NÓS FUTURO** Consciência Sustentabilidade Conhecimento
EU AGORA Segurança Prazer Autonomia	**EU FUTURO** Maestria Propósito Fibra

Como a saúde se tornou saudável

Numa manhã quente de sábado, em julho de 1881, o recém-empossado presidente americano James Garfield entrou numa estação de trem de Washington.

Enquanto Garfield se preparava para entrar no trem, um homem saiu da multidão, sacou uma pistola e atirou em Garfield pelas costas. "Meu Deus, o que é isso?", exclamou Garfield. O homem atirou novamente. Garfield caiu no chão, ainda consciente.

As balas não haviam atingido nem os órgãos nem a coluna de Garfield, mas uma delas continuava dentro dele. Os médicos a buscavam desesperadamente. Deram champanhe e morfina ao presidente enquanto quinze deles examinavam a ferida com os dedos e instrumentos. Não conseguiram encontrar o projétil.

Bentoísmo   139

Garfield sobreviveu àquela noite, mas as repetidas escavações em busca da bala criaram um problema maior. Não havia sido usado nenhum tipo de esterilização.

Garfield sofreu em agonia enquanto a infecção tomava conta de seu organismo. Dedos sujos haviam cutucado suas feridas abertas e cheias de pus, num ambiente de calor úmido. Ele sofreu infecção do sangue e pneumonia. Seu peso caiu de noventa para sessenta quilos. Após 79 dias de sofrimento, ele morreu.

Mais tarde, durante seu julgamento, o atirador afirmou: "Os médicos é que mataram Garfield, eu só atirei nele". O homem foi considerado culpado e enforcado logo depois.

Do ponto de vista atual, a alegação do assassino tem lá seu mérito. Se os ferimentos de Garfield tivessem ocorrido hoje, ele teria voltado para casa em alguns dias. Em vez disso, ele morreu.

Naquela época, até os médicos presidenciais tinham uma compreensão da saúde que consideraríamos rudimentar. Em 1881, os germes ainda eram uma ideia nova. O método antisséptico, que ensinava os médicos a esterilizarem as mãos, instrumentos e feridas, estava se disseminando na Europa, onde havia sido inventado em 1865 pelo cirurgião Joseph Lister, mas ainda não era amplamente praticado nos Estados Unidos. Um dos tantos médicos do presidente até havia assistido a uma palestra de Lister sobre o assunto. Infelizmente para Garfield, o médico não se convenceu.

Os médicos presidenciais não estavam sozinhos em sua inaptidão. Durante mais de 2 mil anos, boa parte dos médicos tinha mais chances de piorar o estado do paciente do que de melhorá-lo. Durante a maior parte da história humana, a prática da medicina foi uma coisa rotineiramente terrível.

Contudo, no século 19, o mito dos efeitos curativos da medicina milagrosamente começou a se tornar real. Novas descobertas fizeram com que promessas anteriormente falsas se tornassem realidade.

Brevíssima história da saúde

As primeiras grandes inovações na saúde surgiram há muito tempo, lá por 400 a.C. Hipócrates, o chamado pai da medicina, tornou-se o primeiro médico a concluir que a saúde e a doença eram causadas por fatores naturais (dieta, ambiente, hábitos), e não como uma punição imposta pelos deuses. Até então, era comum a crença de que a doença era decorrência do sobrenatural. Homens e mulheres cuidavam de sua saúde fazendo o que os deuses queriam.

Hipócrates e seus seguidores mudaram essa visão, buscando uma perspectiva mais empírica. Catalogaram cuidadosamente os casos e seus sintomas, a fim de diagnosticar as doenças. Muitas de suas descobertas e ideias permanecem relevantes ainda hoje.

Mas estamos falando de 400 a.C. A compreensão deles sobre o que há nos nossos organismos, como eles funcionam e qual é a origem das doenças estava totalmente errada. Hipócrates acreditava nos "quatro humores". Segundo essa teoria, a saúde do organismo é regulada por quatro fluidos: sangue, fleuma, bile amarela e bile preta (que na verdade nem existe). A doença seria causada por um desequilíbrio.

Essa foi a crença-padrão entre os médicos pelos 2.200 anos seguintes. Você leu certo: mais de 2 mil anos. Alguém que se consultasse com um médico em 1800 poderia receber os mesmos cuidados médicos que um contemporâneo de Jesus. Considerando que não havia ferramentas para ver o interior do corpo humano enquanto ele estava vivo, e que os costumes funerários limitavam as oportunidades de autópsia dos mortos, isso era compreensível. Os médicos estavam voando às cegas.

Durante esses 2.200 anos, a maioria das doenças era tratada por um dos três seguintes métodos: purga (induzindo vômito ou diarreia), cauterização (pondo um ferro quente sobre a pele) ou, mais comumente, sangria. A sangria consistia em cortar uma artéria (ou, para os mais sofisticados, usar sanguessugas) e sangrar intencionalmente o paciente, de preferência até que ele desmaiasse. Isso era feito para equilibrar os fluidos corporais.

Bentoísmo   141

Fazer uma sangria era o "tomar uma aspirina" daquela época. E essa época durou mais de 2 mil anos.

Mas em meados do século 19 isso começou a mudar.

Três eventos se destacam como catalisadores. Em Budapeste, um médico chamado Ignaz Semmelweis identificou micróbios nas mãos sujas dos médicos como a causa de uma forma letal de febre puerperal. Em Paris, um cientista chamado Louis Pasteur provou a existência dos germes, estabelecendo uma nova ideia, chamada teoria dos germes, e descobrindo os micróbios reais que Semmelweis teorizou como sendo a causa da doença. E, em Glasgow, um médico chamado Joseph Lister criou o método antisséptico, aplicando os princípios da teoria dos germes aos cuidados cirúrgicos. Antes da inovação de Lister, mais de 80% dos pacientes morriam de infecções pós-cirúrgicas.

Após essas descobertas, médicos e cientistas puderam finalmente ver o que estava acontecendo sob a superfície do corpo humano. E, por tentativa e erro, aprenderam a manipular esses elementos microscópicos para, pela primeira vez, afetar direta e positivamente a saúde humana.

No entanto, como mostra a morte do presidente Garfield dezesseis anos depois, essas ideias não foram aceitas de imediato. Quando Semmelweis encontrou a causa da febre puerperal, não houve comemoração. Houve resistência. Reconhecer a ineficácia dos cuidados médicos também significava reconhecer a culpabilidade dos médicos na morte de pacientes anteriores. Não foi algo fácil de enfrentar.

Mas a enxurrada de novos conhecimentos acabou chegando à prática clínica. A descoberta de germes e micróbios inspirou grandes mudanças na saúde pública e no saneamento. No século 20, a mortalidade infantil diminuiu 90%, a mortalidade materna caiu 99% e a expectativa de vida quase dobrou. Metade dos medicamentos comumente usados em 1950 era completamente desconhecida apenas uma década antes. Devido à expectativa de vida prolongada e à melhora da medicina, nunca tantos avós tiveram um relacionamento com seus netos. O mundo mudou.

A medicina deixou de ser a "fantasia de uma ciência", como diz o historiador David Wootton, para se tornar uma ciência de verdade. Como isso aconteceu? Havia três forças motrizes, as quais muitas vezes estão presentes em tempos de grande progresso.

A primeira é a **tecnologia**, e não apenas a tecnologia médica. A transformação da saúde começou com a invenção da imprensa, que permitiu aos médicos compararem facilmente técnicas e resultados. A prensa móvel foi seguida por uma longa linha de tecnologias, incluindo o microscópio, o estetoscópio, a planilha de dados (para compartilhar resultados de experimentos), a anestesia, o computador e outras ferramentas que nos ajudam a observar melhor os processos do organismo e influenciá-los.

A segunda é a **mensuração**. A mensuração foi transformadora até mesmo nas suas formas mais simples. Ignaz Semmelweis descobriu a causa da febre puerperal calculando os índices de mortalidade de duas maternidades. O médico John Snow ajudou a controlar um surto mortal de cólera em Londres ao contabilizar onde as mortes haviam ocorrido, encontrando assim uma bomba d'água que estava infectando a população. A contagem das taxas de mortalidade levou à conclusão de que a sangria era prejudicial, após 2.200 anos de prática. A mensuração eliminou o palpite. Ela revelou definitivamente o que funcionava ou não.

A última força é a **especificidade**. Ajudado pela tecnologia e pela mensuração, o corpo passou a ser entendido como um sistema com diferentes partes. Tudo estava conectado, mas nem tudo funcionava da mesma maneira. Cada parte do organismo tinha seu próprio caminho para a saúde. Não havia um tratamento único. Hoje sabemos que existem tipos e estágios de câncer, colesterol bom e ruim, gorduras boas e ruins, e mais nuances a cada dia. (A especificidade é a mesma força que Adam Smith declara crucial para promover o crescimento econômico em *A riqueza das nações*.)

Por causa das forças da tecnologia, mensuração e especificidade, nossa compreensão da saúde se aprofundou. A medicina se tornou real. Graças a isso, vivemos vidas mais longas e melhores.

A mesma coisa pode acontecer de novo.

A maximização financeira consiste em valorizar o que a sangria era para a medicina: a resposta mais avançada de seu tempo, mas não a resposta final. Em termos de valor, ainda estamos na Idade das Trevas. Mal arranhamos a superfície. Ainda não sabemos o que ainda não sabemos.

O bentoísmo é como um microscópio rudimentar para o valor. Uma maneira de aumentar a ampliação de 1× para 4×. Com uma visão mais ampla, as mesmas forças que aprofundaram nossa compreensão da saúde podem aprofundar nossa compreensão do valor. Como resultado, nossa capacidade de gerar valor pode se expandir significativamente.

O relógio de ouro (continuação)

Os juízos de valor feitos pelas secretárias da RAND Corporation e por Butch em *Pulp Fiction* podem não parecer grande coisa, mas não são cálculos fáceis. Butch e as secretárias tiveram que aplicar as lições do passado ao presente, buscar causas mais profundas e comparar tipos de valores muito diferentes.

Isso é mais do que o algoritmo típico pode fazer. Os algoritmos aprendem executando milhões de simulações sem consequências para encontrar a opção com maior probabilidade de produzir o resultado ideal. É a descoberta pela força bruta, como os milhares de experimentos de Edison antes de encontrar a mistura certa de materiais para fazer o filamento da lâmpada.

Nós, humanos, não conseguimos executar um milhão de iterações. Só vivemos uma vez. Precisamos de todas as ferramentas que encontrarmos para tomar as melhores decisões.

Por isso um espectro mais amplo de valores é tão crucial. Os valores são um sistema de orientação baseado na sabedoria coletiva de nossos ancestrais e na contribuição de nossas culturas. Valores são o que fazem o certo e o errado. Nós os ignoramos por nossa conta e risco.

O bentoísmo expande racionalmente o campo de visão para um espectro mais amplo de valores. Ele constrói uma memória muscular em nosso pensamento que nos permite acessar esses espaços importantes, porém mais difíceis de alcançar. Os espaços onde escolhas melhores e valores mais impactantes nos aguardam.

A expansão do espectro do valor não é uma opção irracional. A escolha irracional é continuar a ignorá-la. Como algumas pessoas já estão aprendendo, expandir a ideia de valor não é apenas um próximo passo racional. É uma vantagem competitiva.

Adele sai em turnê

A cantora e compositora Adele é uma das maiores estrelas da música pop. Já ganhou quinze Grammys, levou um Oscar para casa e vendeu mais de 60 milhões de cópias de seus álbuns *19*, *21* e *25* – o título deles faz referência à idade que tinha ao fazê-los.

Adele conseguiu tudo isso sem deixar de ser uma artista independente. Nascida e criada na zona sul de Londres, ela não vem de privilégios. Sua mãe a teve muito jovem, e seu pai foi embora quando ela tinha 2 anos. Quem descobriu Adele, ainda adolescente, foi uma pequena e influente gravadora independente, graças a uma demo no Myspace.

Adele se orgulha de carregar essa trajetória como estrela pop. Como ela disse a um entrevistador norueguês em 2015, "não sei como se espera que eu faça discos que as pessoas curtam e com os quais se identifiquem, considerando que estou levando uma vida bem maluca".

As pessoas de fato se identificam com Adele – e em números recordes. Mas sua popularidade esmagadora cria um problema. Quando os ingressos para seus shows são postos à venda, se esgotam instantaneamente. Originalmente adquiridos a um valor nominal de cerca de 50 dólares (bem abaixo do que os artistas de seu nível costumam cobrar), seus ingressos aparecem imediatamente nos sites de revenda custando centenas ou até milhares de dólares a mais.

Como isso acontece? Adele tem fãs especialmente empreendedores? Talvez, mas não é isso que vem ao caso aqui. Os ingressos dos shows de Adele estão sendo comprados por cambistas que usam ferramentas sofisticadas para adquirir os melhores assentos e revendê-los com grande margem de lucro.

O trabalho dos cambistas já foi muito malvisto. Mas, na era da maximização financeira, ele é normal. O módulo básico da maximização de valor.

"Grande parte do público aceita [comprar ingressos de cambistas]", diz o empresário de Bruce Springsteen, que há anos se opõe a essa prática. "A conotação negativa que costumava cercar a revenda de ingressos basicamente desapareceu." A migração dos valores para o valor alterou nossa perspectiva.

A Ticketmaster e até os artistas estão envolvidos nisso. Uma investigação da emissora pública canadense CBC concluiu que a Ticketmaster desenvolve e comercializa ferramentas para ajudar os cambistas a comprarem ingressos em lotes, em troca de taxas adicionais. Uma reportagem do *Wall Street Journal* mostrou que os artistas e a Ticketmaster colaboraram para reservar os melhores assentos e leiloá-los no site de revenda de ingressos da própria Ticketmaster, sem revelar que o artista e a empresa de ingressos estavam fazendo a venda.

Adele poderia facilmente fazer algo assim. Deixar o mercado agir e ficar com sua parte nos lucros. Ser popular é ótimo, né?

Mas isso não aconteceu. Porque, quando o mercado decidia quem a veria cantar, ela se apresentava para os fãs ricos – ou para fãs menos ricos que estavam gastando um dinheiro que provavelmente não deveriam gastar. Como disse um representante de Tom Waits à *Rolling Stone*: "Não queremos pegar toda a renda disponível de uma pessoa só para ela ir a um show".

Com o considerável poder de Adele como uma das artistas mais requisitadas do mundo, ela buscou uma solução criativa. Poderia ser de outro jeito?

***

Em 2015, depois de um hiato de quatro anos, Adele anunciou um novo álbum e uma nova turnê. Além disso, revelou que, durante uma parte dessa turnê, trabalharia com uma startup londrina de divulgação de shows chamada Songkick.

A Songkick havia desenvolvido um algoritmo que identificaria os fãs mais "leais" de um artista e abria a venda de ingressos apenas para eles. Havia duas ideias por trás disso: recompensar os fãs mais leais, porque é o certo, mas também porque eles são as pessoas menos propensas a revenderem seus ingressos.

Em determinados mercados, até 40% dos ingressos dos shows de Adele foram distribuídos pela Songkick. E funcionou. Menos de 2% desses ingressos acabaram nas mãos de cambistas, um décimo do que ocorria com a venda tradicional (e muitos desses ingressos saíam por milhares de dólares). O algoritmo da Songkick bloqueou os cambistas, e os fãs puderam assistir ao show por um preço justo. Estima-se que esses fãs leais tenham economizado coletivamente 6,5 milhões de dólares comprando seus ingressos diretamente, em vez de recorrerem aos cambistas.

Foi uma grande vitória para os fãs. Mas, vendo por outro lado, pode parecer um pouco perturbador. Um algoritmo de mensuração da lealdade parece algo saído de uma ficção científica distópica. Subverte a tradicional política de preferência por ordem na fila. A tecnologia arruinando as coisas mais uma vez.

Mas, graças a cambistas ajudados pela tecnologia, o velho jeito de fazer as coisas havia parado de funcionar. Em vez de ceder e fazer seus fãs pagarem o resgate exigido pelos cambistas, Adele tentou uma abordagem diferente.

O algoritmo não promovia a maximização financeira, e sim a maximização da justiça. Isso não significa que a turnê tenha sido um congraçamento tipo Woodstock 3.0. As pessoas continuaram pagando pelos ingressos. Os shows continuaram dando lucro. Mas Adele viu o quadro mais amplo. Seu foco não era apenas quanto dinheiro ela poderia ganhar enchendo estádios e ginásios. Era também quem estava naqueles estádios e ginásios.

A ousada experiência de Adele é um exemplo de uma abordagem bentoísta do valor. Adele não se concentrou apenas em enriquecer. Ela enxergou uma noção mais ampla de interesse próprio. Ela otimizou seus valores como pessoa, como artista e como uma mulher da zona sul de Londres que provavelmente teria mais chances de ver Adele pelo critério da lealdade que da riqueza. Não era uma turnê Eu Agora, e sim uma turnê Nós Agora.

Com a ajuda do algoritmo da Songkick e de uma perspectiva bentoísta, Adele fez algo de significativo. Encontrou uma maneira de tomar uma decisão racional, maximizadora de valores, sem que o dinheiro fosse o objetivo.

Na zona dos três pontos

A NBA tal qual a conhecemos surgiu em 1979, com dois fatos não relacionados, mas simultâneos.

O primeiro é bem conhecido. Larry Bird e Magic Johnson, dois dos astros mais transcendentais da história da NBA, começaram suas carreiras em 1979. Sua habilidade no jogo e a épica rivalidade entre eles fizeram a NBA virar um fenômeno da noite para o dia.

Mas é o outro fato de 1979 que pode vir a ter um impacto mais duradouro: foi o ano em que a NBA introduziu o arremesso de três pontos.

A ideia por trás dos três pontos era simples: uma cesta de longe valeria um ponto a mais que uma de perto. Mas, naquela primeira temporada, apenas 2,8 triplos foram tentados a cada jogo. Ao contrário de Bird e Magic, o impacto inicial dos três pontos foi insignificante.

O arremesso de três pontos não se popularizou por uma boa razão: era mais difícil. Os arremessos de dois pontos eram convertidos em aproximadamente metade das vezes. Os de três caíam em menos de 30% das tentativas. A matemática era clara: era mais fácil fazer cestas de dois pontos do que de três. Portanto, não arremesse da linha dos três.

Durante quase trinta anos após a adoção dos arremessos de três pontos, tentá-los era desencorajado. Treinadores e locutores de TV os condenavam por considerá-los egoístas. Não era assim que se jogava.

Mas, na primeira década dos anos 2000, a forma de pensar nos esportes começou a mudar. Na sequência de *Moneyball* (2003), o livro de Michael Lewis sobre um modesto time de beisebol que usava a análise de dados para superar concorrentes com melhores recursos, a ciência de dados se tornou um novo foco dentro do esporte. Inclusive no basquete.

Analistas pioneiros começaram a fazer novas perguntas. Coisas como: de quais lugares da quadra é mais *eficiente* arremessar?

Era um novo tipo de pergunta. Para conhecer o arremesso mais eficiente, era preciso adotar novas formas de mensuração. Obter os dados necessários exigia novas tecnologias. Logo, as equipes começaram a usar câmeras especiais para cobrir toda a ação na quadra.

Analistas e algoritmos passaram a categorizar e medir cada jogada com alto grau de detalhamento. Rastreavam não só se havia um arremesso, mas olhavam exatamente onde o jogador estava na quadra. Se ele havia driblado antes de atirar, ou se tinha acabado de pegar um passe. Quem era o adversário mais próximo, a que distância estava, e qual era a sua altura. Nenhum detalhe era pequeno demais.

Quando os analistas somaram os dados, viram que os resultados diferiam muito do senso comum. Descobriu-se que, depois da bandeja e da enterrada, a melhor conclusão da jogada era o arremesso de três. Uma nova estatística, chamada "aproveitamento efetivo dos arremessos de quadra", mostrou que as equipes que faziam arremessos de três pontos perdiam mais arremessos, mas também – de forma contraintuitiva – marcavam mais pontos ao longo do jogo.

Durante décadas, as pessoas viram a quadra de basquete como uma configuração predefinida de fatos. Havia arremessos certos e arremessos errados. Coisas que se faziam ou que não se faziam. E de repente essas convenções foram questionadas por uma nova definição de valor.

De acordo com essa nova maneira de ver as coisas, estávamos jogando totalmente errado.

O *establishment* do basquete, compreensivelmente, manteve-se cético. Computadores nos dizendo como jogar? Não, obrigado. Mas alguns times decidiram arriscar mais arremessos de três, e superaram as expectativas. Outros foram atrás. Em uma década, o basquete estava transformado. Houve mais arremessos de três pontos na temporada 2017-2018 da NBA do que em todas as temporadas da década de 1980 juntas.

Quando descobrimos novas formas de valor, isso muda nosso jeito de jogar.

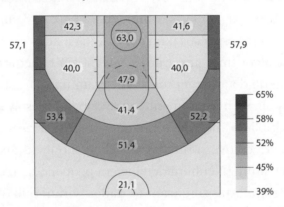

Fonte: Chang, Maheswaran, Su, Kwok, Levy, Wexler, *Squire 2014*, "Quantifying Shot Quality in the NBA".

Esquivando-se do mullet

Tanto Adele quanto os analistas da NBA estavam procurando maneiras melhores de ir do ponto A ao ponto B. Adele queria fazer um show maravilhoso para os fãs. Os times da NBA queriam ganhar jogos de basquete. Havia um jeito diferente do que todo mundo fazia? Ao procurar outras possibilidades, eles descobriram uma compreensão mais profunda do valor.

Quando Adele encontrou um algoritmo que ajudaria seus fãs mais leais a verem-na cantar, ela buscava comunidade, não dinheiro. Quando os times da NBA começaram a arremessar da linha de três pontos, estavam se otimizando para ganhar o jogo, e não para fazer cestas.

Não foram decisões fáceis de tomar. Não se tratava apenas do agora. Não se tratava apenas de si mesmos. Nos dois casos, o novo valor exigia um sacrifício imediato. Significava ganhar menos dinheiro com a turnê. Significava errar mais arremessos.

Esses dois valores foram possibilitados pelas mesmas forças que transformaram a saúde: tecnologia, mensuração e especificidade. O algoritmo utilizado por Adele tornou-se possível graças à tecnologia. Mensurar a lealdade é algo semelhante às estratégias de uso de dados para vender anúncios ou sugerir produtos num comércio eletrônico. A Songkick desenvolveu essas ferramentas para se ajustar ao uso em um caso específico: um músico e seus fãs. A ascensão dos arremessos de três pontos, amparada por dados, é algo semelhante. Os analistas usaram a mensuração para encontrar os melhores lugares de onde arremessar, depois desenvolveram seu jogo de modo a amplificar esses valores.

Como no caso da medicina e da saúde, esses novos valores foram (e ainda são) criticados pelo *status quo*.

O arremesso de três pontos era visto como uma mera gracinha. Não era basquete de verdade. A estratégia de ingressos de Adele foi atacada por muita gente na indústria musical, que a considerou irracional, inútil e até afetada. Quem é *você* para combater as forças do mercado? A portas fechadas, a Live Nation, empresa monopolista na venda de ingressos e produção de turnês, pressionou outros artistas a não seguirem o exemplo dela.

Adele estava dando as costas aos valores dominantes. Não estava procurando uma nova ferramenta para extrair mais dinheiro de seus fãs. Ela olhou para fora do sistema em busca de algo que a ajudasse a fazer justamente o contrário. Do ponto de vista do interesse próprio racional clássico, isso era irracional. Mas, com base nos valores de Adele, era perfeitamente racional.

Imagine que Adele não tivesse tomado essa decisão. Imagine que, como outros artistas, tivesse feito uma parceria com as empresas de venda de ingressos para receber uma fatia do ágio cobrado por cambistas.

De acordo com a mentalidade de maximização financeira, isso seria o ideal. Quando as pessoas podem gastar o quanto quiserem para ver Adele, o mercado está operando com eficiência. Esse é o jeito natural como as coisas devem funcionar, maximizando o valor.

Mas essa decisão também levaria Adele a criar uma economia do mullet com seus próprios fãs.

Pense nisso. Se os fãs de Adele gastarem mais dinheiro para vê-la se apresentar, vão gerar muito mais renda para Adele e manter muito menos renda para si. Ingressos mais caros não são um conceito econômico distante. É o dinheiro que sai das contas bancárias de fãs, os quais geralmente possuem muito menos que o artista que amam.

Não é que mais gente irá ver Adele cantar se os ingressos custarem mais. É o mesmo número de pessoas em qualquer situação. A menos que você seja um cambista, ou rico o suficiente para comprar ingressos na primeira fila, há pouca vantagem. É a economia do mullet em escala humana.

Pode parecer que Adele está tomando uma decisão altruísta, mas isso é ignorar a sofisticação do que ela está fazendo. Ela não faz isso por ter bom coração, mas sim para alcançar um resultado desafiador e específico: ginásios lotados de gente reunida para uma experiência comunitária e justa. Adele está maximizando e otimizando seus shows para um conjunto diferente de valores.

Quando reunimos coragem para adotar um sentido mais amplo de valor, o impacto pode ser significativo. Mesmo que seja só um dia por semana.

Fechado aos domingos

Equilibrar a influência do dinheiro não é um #ato de resistência moderninho. Essa história de restringir o alcance do dinheiro é muito mais antiga.

Veja o caso do sábado. Tanto o cristianismo quanto o judaísmo guardam o *shabat* como uma ruptura estrutural, de modo a reservar um tempo para o descanso e a adoração. Isso cria espaço para a existência de valores sem ditar quais devem ser eles, apenas quais *não devem* ser: mais trabalho. Guardar o *shabat* é uma maneira inteligente de criar um espaço fora do alcance do dinheiro.

Por muitos anos, nos Estados Unidos, a folga semanal foi imposta pelas chamadas "leis azuis", que proibiam as lojas de abrir aos domingos. Embora o descanso dominical tivesse origem cristã, as leis azuis também tinham apoio dos sindicatos e de outros que o consideravam positivo para a vida pública. Os domingos eram reservados como um dia sagrado (em minúsculas) público e universal.

Atualmente, a maioria das leis azuis foi revogada e, para muita gente, a ideia do domingo como dia santo parece história antiga. Os domingos são para os esportes, para uma viagem curta ou para resolver coisas. Somente os religiosos devotos ainda acreditam que esse dia deve ser preservado para nutrir o espírito.

Mas o *shabat* como um empecilho ao dinheiro não desapareceu completamente da vida pública. Por exemplo, o Chick-fil-A, a rede de fast-food mais bem avaliada dos Estados Unidos, fecha aos domingos. É uma das únicas grandes redes americanas que ainda faz isso.

O Chick-fil-A fecha aos domingos por causa das crenças de seu falecido fundador, S. Truett Cathy. Na década de 1940, sua lanchonete 24-horas original fechava aos domingos, para que os funcionários pudessem ter um dia de folga. O Chick-fil-A segue essa tradição até hoje.

Isso tem um custo real. Fechar aos domingos significa 14% menos tempo aberto por semana. Isso dá quase dois meses por ano em que o Chick-fil-A fica fechado enquanto os concorrentes estão abertos. Com seu foco nos valores, o Chick-fil-A é exatamente o tipo de estabelecimento aonde frequentadores de igrejas gostariam de ir aos domingos. E o almoço depois do culto dominical é um grande negócio.

Estima-se que fechar aos domingos custe 1 bilhão de dólares por ano a esse rede. No entanto, embora seja uma empresa com fins lucrativos, que deseja crescer e ter sucesso como qualquer empresa, e embora pudesse faturar muito mais, o Chick-fil-A permanece fechado aos domingos.

Um consultor da classe maximizadora diria que isso é loucura. Veja quanto dinheiro você está deixando de lado. Você não está maximizando. Mas os líderes do Chick-fil-A podem responder que estão maximizando – e não só um valor, mas vários. Sim, eles são uma empresa de fast-food com fins lucrativos. Mas também acreditam na tradição e estão dispostos a ganhar 1 bilhão de dólares a menos por ano por causa disso.

Para a mentalidade da maximização financeira, isso é irracional. Mas, do ponto de vista bentoísta, é completamente racional. O Chick-fil-A está, de forma muito clara, optando por otimizar valores que não sejam o dinheiro. Não todos os dias. Só aos domingos.

Isso literalmente tem um custo, mas também traz benefícios. O Chick-fil-A é uma das redes de restaurantes mais populares dos Estados Unidos e também é considerado um dos melhores lugares para trabalhar. O compromisso ímpar da empresa com seus valores é uma das principais razões.

Rebeldes sem grana

Às vezes, o que gera valor é o que você *não faz*.

Para os membros do movimento Independência Financeira, Aposente-se Cedo (cuja sigla em inglês, Fire, também significa *fogo*), maximizar valor significa *não* gastar dinheiro com coisas desnecessárias. Desperdiçar dinheiro é para perdedores.

O Fire é uma estratégia de finanças pessoais que ensina as pessoas a minimizarem seus gastos e maximizarem seus objetivos em longo prazo. Para os seguidores do Fire, uma pergunta fundamental num primeiro encontro não é tanto "Quanto você ganha?", e sim "Quanto você economiza?".

Segundo o pensamento do Fire, o objetivo do dinheiro não é ficar rico e comprar coisas legais. O objetivo do dinheiro é criar a segurança necessária para focar o valor real da vida. O Fire é a hierarquia de necessidades de Maslow executada com precisão. Um popular escritor ligado ao Fire, chamado Peter Adeney, escreveu o seguinte no seu blog *Mr. Money Mustache*: "Ao se concentrar na felicidade propriamente dita, você pode levar uma *vida muito melhor* do que quem se concentra apenas em ter conveniência e luxo e seguir o rebanho financeiramente analfabeto [...] A felicidade vem de muitas fontes, mas nenhuma delas envolve trocar de carro ou de bolsa".

Não há uma personalidade única, uma organização ou um algoritmo próprio no centro do Fire. Ele se espalha por blogs, livros e planilhas de Excel compartilhadas. Ferramentas e estratégias são criadas, testadas e repetidas pelos membros da comunidade.

Grande parte dos seguidores do Fire são millennials. Gente para quem o sonho americano de conforto, conveniência e excesso parece inalcançável e alienado. Eles estão criando um novo tipo de sonho.

"Apenas escolhemos viver bem abaixo de nossos recursos", diz um seguidor do Fire. "Essa ideia em si é radical." Vejamos o que diz o *The New York Times* sobre uma mulher de 33 anos que mudou de vida para se adequar aos princípios do Fire:

> Rieckens, que trabalha com recrutamento, inicialmente relutou em abrir mão de sua vida de praia e BMW, com todo o prestígio que isso acarreta, até ver uma calculadora de aposentadoria que mostrava que eles poderiam se aposentar em dez anos se adotassem o Fire e se mudassem, ou aos 90 se mantivessem seu estilo de vida luxuoso.

Os seguidores do Fire são dotados de uma maior conscientização em relação ao longo prazo. Ao olhar para o presente pelo prisma das consequências finais, eles alinham suas escolhas do Eu Agora com seus valores e objetivos do Eu Futuro.

Essa maior conscientização leva os seguidores do Fire a divergirem da manada.

Enquanto a população das cidades continua crescendo, os seguidores do Fire tendem a viver em áreas periféricas e rurais. O alto custo de vida nas principais cidades é uma despesa que os seguidores do Fire aprendem a cortar. Enquanto o consumo e as emissões de carbono continuam aumentando, os adeptos do Fire buscam reduzir seu uso energético e seus gastos para alcançar a liberdade financeira. O Fire é como *Walden*, de Thoreau, só que com iPhone e um lado Tyler Durden.

Embora os seguidores do Fire sejam guiados por uma meta do Eu Futuro – criar uma vida sustentável –, chegar lá significa prestar muita atenção ao Eu Agora. Significa viver com um orçamento limitado e tratar o dinheiro com mais respeito do que seus pares que gastam livremente.

O sonho da aposentadoria precoce é realista para todos? Provavelmente não. Para quem ganha um salário mínimo, é muito difícil economizar uma quantia significativa, por menos que a pessoa gaste. Mas pensar de outra maneira no dinheiro é útil para todos. O Fire estabelece uma distinção entre dinheiro e felicidade, revelando sua conexão inconsistente, mas respeitando ambos pelo valor que trazem.

Limitar o domínio da maximização financeira não significa ignorar o dinheiro, e sim colocá-lo em contexto. Os adeptos do Fire são muito preocupados com dinheiro. Eles respeitam a importância dele. Entendem onde ele gera valor. Mas também entendem que o dinheiro não é o único valor que importa.

Bentoísmo na vida real

Expandir o espectro de valor para além da maximização financeira não é um sonho, e sim algo que já estamos fazendo. O algoritmo de venda de ingressos de Adele, os horários do Chick-fil-A, o movimento

Fire e a ascensão dos arremessos de três pontos são exemplos de valores bentoístas que estão acontecendo na vida real.

Em cada um desses exemplos, as pessoas estão pensando racionalmente em todas as áreas do próprio interesse. Estão considerando o próprio futuro, os indivíduos a seu redor e suas necessidades atuais.

Mudanças como essas são apenas cosméticas ou são realmente importantes? Falo por experiência própria: são importantes, sim.

Quando o Kickstarter se tornou uma PBC, isto é, uma empresa de benefício público, em 2015, era como se a empresa tivesse trocado de bentô. Sendo uma empresa com fins lucrativos e estrutura tradicional, esperava-se que o Kickstarter pensasse apenas nas suas necessidades do Eu Agora – a rentabilidade e os interesses dos acionistas. Mas, ao se tornar uma PBC, o Kickstarter estava também codificando e se comprometendo com aquilo que seus valores do Nós Agora, do Eu Futuro e do Nós Futuro diziam para fazer.

Tornar-se uma PBC refletia os valores que o Kickstarter sempre teve. Mas, teoricamente, esses mesmos valores nos colocavam em risco como uma empresa com estrutura tradicional. Teoricamente, nossas declarações públicas sobre não querer vendê-la nem abrir seu capital poderiam levar algum acionista a nos processar, porque essas decisões significavam que não estávamos abertos a todas as formas de maximizar o valor para o acionista.

Era bastante improvável que algo assim acontecesse, mas há um precedente: em 2000, o conselho de direção da Ben & Jerry's foi pressionado a vender a empresa à Unilever, apesar das objeções dos fundadores. Se a Ben & Jerry's recusasse a oferta, os investidores ameaçavam mover uma ação judicial, acusando os membros do conselho de negligenciarem suas obrigações fiduciárias. Embora os valores da Ben & Jerry's fossem centrais para sua marca e identidade, perante a lei eles não tinham lugar diante das exigências dos acionistas.

Como PBC, por outro lado, a missão e os compromissos do Kickstarter estão incorporados aos fundamentos jurídicos da empresa. O estatuto de

PBC do Kickstarter estabelece quinze compromissos. Eles incluem as promessas de:

- "Não usar brechas ou outras estratégias esotéricas de gestão tributária, mesmo que legais, para reduzir a carga tributária [da empresa]."
- "Não fazer lobby ou campanha por políticas públicas que não estejam alinhadas com a missão e os valores [da empresa], independentemente dos possíveis benefícios econômicos para a empresa."
- "Sempre apoiar, atender e defender artistas e criadores, sobretudo aqueles que trabalham em áreas menos comerciais."
- "Envolver-se além das próprias paredes [da empresa] com os principais problemas e discussões que afetam artistas e criadores."
- "Doar 5% de seu lucro líquido para o ensino de artes e música e para as organizações que lutam para acabar com a desigualdade sistêmica."

Esses compromissos estabeleceram os limites dentro dos quais o Kickstarter deve sempre se comportar. Os valores que eles representam não são platitudes vagas. Eles têm garras bem afiadas.

Um ano depois de virar uma PBC, o Kickstarter lançou um site à parte chamado The Creative Independent.

O Creative Independent é um recurso em expansão que oferece conselhos práticos e emocionais para pessoas criativas. Diariamente, de segunda a sexta, o site publica uma entrevista ou artigo de um artista ou criador falando de seu trabalho e de seus desafios. A ambição final dessa plataforma é se tornar uma espécie de Wikipédia da criatividade.

O Creative Independent não tem publicidade, não cobra pelo conteúdo e tem uma equipe que se dedica a ele em tempo integral. O Kickstarter paga tudo. E, no entanto, o logotipo do Kickstarter não aparece em lugar nenhum. O Kickstarter está listado no rodapé do site como seu editor, mas, fora isso, não obtém qualquer benefício direto.

Por que fazer isso, então?

Porque o Creative Independent é um projeto de geração de valor, conforme os compromissos do estatuto PBC do Kickstarter. O site apoia a comunidade criativa, fornece recursos e material educacional para pessoas criativas e difunde o trabalho de artistas e criadores. Estes são os valores que o Kickstarter está comprometido em desenvolver, e que o Creative Independent apoia com louvor. O Creative Independent – ou outros projetos com foco semelhante que o Kickstarter venha a desenvolver futuramente – não precisa render dinheiro para gerar valor.

Patagonia, Tesla e o Nós Futuro

Poucas empresas são tão radicais em sua abordagem de governança corporativa quanto a Patagonia, uma marca de roupas. Ela oferece creche gratuita na sede da empresa (desde 1983), promete reparos vitalícios nas roupas da marca (uma de suas instalações conserta 30 mil peças por ano) e trata seus funcionários como seres humanos (como sugere o título do notável livro do fundador Yvon Chouinard, *Let My People Go Surfing* [em tradução livre, Deixa o meu pessoal ir surfar]).

A Patagonia faz tudo isso e muito mais sem deixar de ser uma empresa lucrativa, bem-sucedida e adorada.

Foi uma das primeiras empresas a se tornar uma corporação de benefício público, e seu estatuto de PBC inclui um compromisso maravilhoso a respeito da concorrência. Diz assim:

> Em apoio a nosso compromisso de "usar os negócios para inspirar e implementar soluções para a crise ambiental", compartilharemos informações exclusivas e melhores práticas com outras empresas, incluindo concorrentes diretos, quando o conselho de administração determinar que isso pode produzir um impacto positivo concreto sobre o meio ambiente.

Se a Patagonia desenvolver uma nova maneira de fabricar roupas que seja melhor para o planeta, não a guardará só para si. Em vez disso, compartilhará essas informações com seus concorrentes diretos. Essa é uma política otimizada para o Nós Futuro. Além disso, é algo que a empresa já aplicou.

Em 2014, a Patagonia lançou uma nova borracha de origem biológica para trajes impermeáveis, após quatro anos desenvolvendo uma fibra mais sustentável. Depois desse investimento significativo, o que fez a Patagonia? Compartilhou o material com seus concorrentes. Um anúncio sobre a decisão diz: "Temos a melhor erva da cidade (e estamos distribuindo de graça)".

De acordo com a perspectiva do Eu Agora, isso faz pouco sentido. Mas, como decisão de maximização do Nós Futuro, faz todo o sentido.

Desse jeito, a Patagonia parece até uma instituição de caridade, mas não é. É uma corporação de benefício público, com fins lucrativos, e também com desafios e concorrentes, como qualquer outra. Mas a Patagonia também vê o quadro geral. As necessidades do Eu Agora precisam ser atendidas, mas a Patagonia equilibra o aqui e agora com investimentos significativos no Nós Futuro.

***

Embora não seja uma corporação de benefício público, a Tesla oferece outro exemplo de pensamento no Nós Futuro. Não é só por ser uma empresa que fabrica carros elétricos. É a forma como isso acontece.

Em 2015, a Tesla anunciou que todas as suas patentes – a propriedade intelectual subjacente à sua tecnologia – se tornariam totalmente públicas, para serem usadas por qualquer empresa que quisesse. Em vez de proteger essas ideias, decidiu oferecê-las de graça.

Por que fazer isso? Por que não licenciar essas patentes para outras montadoras? Porque o objetivo da Tesla não era ganhar mais dinheiro. O objetivo era que os carros elétricos se tornassem mais comuns.

A Tesla estava disposta a divulgar suas melhores ideias para ajudar isso a acontecer.

"Como a produção anual de veículos novos está se aproximando dos 100 milhões por ano, e a frota global é de aproximadamente 2 bilhões de carros, é impossível para a Tesla fabricar carros elétricos com rapidez suficiente para enfrentar a crise do carbono", escreveu Elon Musk, CEO da empresa. "Da mesma forma, isso significa que o mercado é enorme. Nossa verdadeira concorrência não está na pequena produção de carros elétricos que não são da Tesla, mas na enorme enxurrada de carros a gasolina que saem diariamente das fábricas do mundo."

Em vez de maximizar o retorno financeiro do Eu Agora, a estratégia de patentes da Tesla maximiza a sustentabilidade do Nós Futuro. Vender carros não é a prioridade. A prioridade é que os carros elétricos virem a norma.

O foco da Patagonia e da Tesla no Nós Futuro as torna exóticas atualmente. Mas talvez não seja assim por muito tempo.

Bentô pop

Esses exemplos de bentoísmo na vida real vêm de pessoas comuns, com valores comuns. Pessoas no topo de seu campo de atividade e empenhadas em melhorar. Pessoas tentando vencer no esporte. Pessoas com fortes crenças religiosas. Pessoas tentando economizar dinheiro. Pessoas tentando proteger a vida na Terra. São o que há de mais saudável.

Essas pessoas estão fazendo a diferença no mundo. A curiosidade e as ousadas decisões delas estão nos fazendo avançar pouco a pouco. A maioria dessas escolhas subordinadas a valores tem raízes morais, mas nem todas. Os times que arremessam da linha dos três pontos não estão tentando corrigir algo de errado. Estão apenas buscando uma forma melhor de vencer.

O bentoísmo não impõe nenhum valor específico, apenas uma maior consciência do que está ocorrendo. Você pode ser uma rede de fast-food e tomar uma decisão bentoísta. Você pode ser um ambientalista e tomar uma decisão bentoísta. Você pode viver fora do sistema ou ser uma estrela pop. Pode ser cristão ou muçulmano. O bentoísmo não diz quem você deve ser. Ele o ajuda a ver como seus próprios valores se alinham com a situação em questão e o capacita a tomar decisões mais coerentes e subordinadas a valores.

Essa maneira de pensar está crescendo.

Enquanto escrevo isso, a estrela pop (ex-country) Taylor Swift acabou de assinar um novo contrato com uma grande gravadora. Nas negociações, ela conseguiu que o selo fizesse uma concessão fascinante. Veja como a cantora a descreve em uma postagem do Instagram:

> Havia uma condição que, para mim, significava mais do que qualquer outro item do acordo. Como parte de meu novo contrato com o Universal Music Group, solicitei que a eventual venda de suas ações do Spotify resulte em uma distribuição de dinheiro para seus artistas, não reembolsável. Eles generosamente concordaram com isso, sob termos que acreditam serem muito melhores do que os pagos anteriormente pelas grandes gravadoras. Vejo isso como um sinal de que estamos caminhando para uma mudança positiva para os criadores – uma meta que nunca vou deixar de tentar ajudar a alcançar, da maneira que eu puder.

Taylor Swift usou sua influência não apenas para negociar um contrato lucrativo para si mesma (o que ela fez), mas também para negociar algo em nome de milhares de outros artistas. Como Adele, Taylor Swift não está agindo apenas no Eu Agora. Ela intencionalmente está criando valor no Nós Agora e também no Nós Futuro.

Você pode dizer: bom, isso é fácil para alguém como a Taylor Swift ou a Adele. Elas já são ricas e famosas. Para elas não custa nada. E é fácil para o Chick-fil-A, o Kickstarter, a Patagonia e a Tesla agirem de maneira generosa. Eles também são bem-sucedidos.

Há certa razão nisso. Voltando à hierarquia de Maslow, essas são pessoas e organizações que atenderam às suas necessidades de segurança. Podem se dar ao luxo de ser mais generosas e voltadas para o longo prazo, porque não enfrentam fortes ameaças à sua existência todos os dias.

Mas e se o foco além do valor financeiro foi justamente o segredo do sucesso delas desde o início? E se cultivar e otimizar outros valores além do financeiro não for algo radical e exótico? E se for simplesmente a melhor maneira de fazer as coisas? E se o mundo ao nosso redor é que for radical e exótico, e escolhas como essas puderem – de forma lenta, mas segura – resgatar nossos valores?

Esse é o potencial de uma perspectiva bentoísta. Não para fazer o relógio andar para trás, mas para finalmente avançar. Quanto tempo isso vai demorar?

Como fazer uma parada de mão perfeita

Há vinte anos, Jeff Bezos, fundador e CEO da Amazon, publica anualmente uma carta aos acionistas da empresa. Essas cartas contêm informações sobre o desempenho, a estratégia e as metas da companhia.

Na carta de 2017, Bezos contou uma história interessante sobre paradas de mão. Ele escreveu:

> Uma amiga próxima recentemente decidiu aprender a fazer a parada de mão perfeita. Não encostada na parede. Não por apenas alguns segundos. Que ficasse legal no Instagram. Para começar, ela decidiu participar de uma oficina de parada de mão em sua escola de ioga. Praticou por um tempo, mas não estava conseguindo alcançar os resultados que desejava. Então ela contratou um coach de paradas de mão. Sim, eu sei o que você está pensando, mas é evidente que isso existe. Na primeira aula, o coach lhe deu um conselho maravilhoso. "A maioria das pessoas", disse ele, "acha que, esforçando-se, vai conseguir dominar a parada de mão em duas semanas. A realidade é que são necessários seis meses de prática diária. Se você acha que vai conseguir em duas semanas, acabará desistindo". Crenças irreais – geralmente ocultas e não discutidas – sobre o escopo destroem padrões elevados. Para atingir padrões elevados, individualmente ou como

parte de uma equipe, você precisa avaliar e comunicar proativamente
crenças realistas sobre a dificuldade de algo.

Quando subestimamos o tempo e o esforço necessários para alguma
coisa, pegamos atalhos, deixamos de fazer o que é necessário, desistimos. E, quando as coisas não saem bem, nos perguntamos por que
deram errado. Mas, quando somos realistas em nossas expectativas e
planejamos como chegar aonde queremos, temos alguma chance.

Se são necessários seis meses de prática diária para fazer uma parada de mão perfeita, quanto tempo se leva para mudar o mundo?

A teoria da mudança dos trinta anos

Queremos que a mudança seja instantânea. Imediata. Mas há sinais
biológicos, históricos e sociológicos sugerindo que trinta anos são a
quantidade certa de tempo para pensar em mudanças substanciais.

Por "mudança substancial" me refiro a um movimento significativo
do ponto de vista da maioria. Uma mudança de paradigma em que
uma ideia anteriormente nova se torna um padrão aceito. Mudanças
como essas acontecem o tempo todo. Mas demoram a acontecer. Uns
trinta anos, mais ou menos.

De que tipo de mudança estou falando? Não me refiro ao surgimento de um novo produto. Falo de mudanças significativas em termos de valores, crenças e comportamentos.

Veja o caso do método antisséptico.

Em 1867, Joseph Lister compartilhou as conclusões positivas de sua
nova técnica em *The Lancet*, a publicação médica mais importante do
mundo. O *establishment* médico aderiu? De jeito nenhum. Pouco tempo
depois, o mesmo periódico publicou duras críticas aos métodos dele.
Em 1881, os médicos do presidente Garfield ignoraram as recomendações de Lister, mesmo depois de um deles ter visto uma demonstração
pessoal do próprio criador do método.

E, no entanto, em 1903, quando o rei da Inglaterra precisou ser operado de emergência para extrair o apêndice, seus médicos chamaram

Lister. Seguiram seu método, e o rei sobreviveu. Mais tarde, o rei Edward lhe disse: "Sei que, se não fosse pelo senhor e por seu trabalho, eu não estaria sentado aqui hoje".

O tratamento de Lister não foi considerado suficientemente respeitável para o presidente americano agonizante, mas, alguns anos depois, os médicos que atendiam ao monarca britânico foram atrás dele. De método polêmico a um recurso para salvar a vida do rei, em trinta anos.

E o arremesso de três pontos?

O arremesso de três pontos foi introduzido na NBA em 1979, mas não era muito utilizado. Não era assim que se jogava. Trinta anos depois, novas métricas começaram a incentivar os times a arremessarem da linha de três. Esse arremesso havia deixado de ser uma novidade no jogo. Era o normal. Em trinta anos, passou de novo a essencial, e atualmente não podemos imaginar o basquete de outra forma.

E a maximização financeira?

O artigo de Milton Friedman no *The New York Times*, em 1970, introduziu a maximização financeira ao grande público. "A responsabilidade social dos negócios é o lucro", anunciou. As empresas entenderam a mensagem, e a sociedade também. Ficar rico, que era algo essencial para 36% dos universitários em 1970, passou a sê-lo para mais de 70% em 2000. Em trinta anos, essa nova mentalidade deixou de ser marginal para se tornar dominante.

Há algo nesses trinta anos que sugerem um ritmo de mudança.

Mudança geracional

"[Imagine] como seria a vida social da humanidade se uma geração vivesse para sempre e nenhuma se seguisse para substituí-la", escreveu o filósofo húngaro Karl Mannheim em 1928. Nesse mundo, os valores e normas da sociedade permaneceriam constantes.

Em contraposição a isso, Mannheim diz que em nossa própria sociedade:

a) novos participantes no processo cultural estão surgindo, enquanto
b) ex-participantes desse processo estão desaparecendo continuamente;
c) membros de qualquer geração podem participar apenas de uma seção temporalmente limitada do processo histórico.

Em outras palavras, à medida que novas pessoas nascem e pessoas já existentes morrem, as coisas vão mudando. A morte é a transição natural dos valores e do poder na vida. Cada um de nós aparece em algumas poucas cenas de uma história conjunta muito maior. Mannheim escreve que, por causa de nossos papéis temporários:

d) é necessário, portanto, transmitir continuamente o patrimônio cultural acumulado;
e) a transição de geração para geração é um processo contínuo.

Para manter a ordem e aproveitar o progresso já realizado, estamos continuamente transferindo conhecimentos e valores de uma geração para a próxima.

Imagine a vida como uma festa em que sempre tem gente nova chegando, gente indo embora e a animação sempre em alta. A festa continua porque "o patrimônio cultural acumulado" é continuamente transferido de um grupo de convidados para o próximo.

Quando as pessoas chegam, alguém lhes mostra onde deixar o casaco, onde encontrar a comida, onde ficam as bebidas na cozinha. Os recém-chegados se mantêm num canto observando até se entrosarem. Assim é a vida da infância até a adolescência e início da vida adulta (do 0 aos 30 anos).

Quem está na idade adulta (dos 30 aos 60 anos) manda na festa. Escolhe a música e dita as regras. Mas não pode comandar o show para sempre. A pista fica chata, e sempre tem gente nova querendo assumir o controle.

Quando as pessoas se cansam, vão relaxar num cômodo mais tranquilo (mais ou menos dos 60 para cima), antes de irem embora da festa (você-sabe-por-quê). A festa acaba *para elas*, mas a festa em si continua rolando. A geração seguinte entra na pista de dança, enquanto os recém-chegados vão aprendendo as manhas.

Assim é o mundo. Gente que já existia vai embora, gente nova chega, e a festa continua. E não para de crescer. A cada segundo, 1,8 pessoa morre e 4,3 pessoas nascem. A população global cresce 1,06% ao ano.

Uma taxa de crescimento de apenas 1% faria muitos CEOs serem demitidos, mas a lógica dos juros compostos, combinada com a inevitabilidade da morte, significa alta rotatividade num período relativamente curto. As pessoas atualmente vivas serão uma minoria no total de pessoas vivas daqui a trinta anos. Em trinta anos, um terço da população atualmente viva já estará morta, e metade da população como um todo será nova.

Se a festa funcionasse assim, com duas pessoas saindo e quatro novas chegando a cada minuto, a composição do salão mudaria rapidamente. O que é considerado normal mudaria nesse ritmo.

Nossa impressão da festa é moldada pela aparência dessa festa quando chegamos. Pessoas que são adolescentes ao mesmo tempo tendem a ver o mundo da mesma forma. Essa primeira impressão é o parâmetro de normalidade pelo qual passam todos os demais filtros da vida.

Quem viveu antes do iPhone (que só surgiu em 2008) está ciente da "novidade" dessa presença em nossa vida. Assim como quem viveu a introdução da televisão pôde observar melhor seus efeitos.

As gerações que estão crescendo agora são as primeiras para quem a presença de smartphones não é uma novidade. Apenas é assim. Seus valores em relação à tecnologia serão diferentes dos de gerações anteriores, simplesmente porque, quando nasceram, esta já era onipresente.

Para meu filho de 3 anos, ver um carro elétrico tendo sua bateria carregada é algo normal. Para seu pai de 40 anos, é uma novidade.

Passei os primeiros 90% da minha vida sem carros elétricos. Com ele, felizmente, não foi assim.

O mesmo se aplica a todos nós que crescemos num mundo de maximização financeira. Parece que a mesma música está tocando desde sempre, mas não. Simplesmente era assim quando chegamos à festa.

***

A transferência de valores, escreve Mannheim, "é um processo contínuo". Contínuo não significa harmônico, e sim que a mudança tende a ser gradual. O método antisséptico é um bom exemplo.

Quando Joseph Lister propôs sua ideia de esterilizar feridas, tratava-se de um argumento novo, baseado na também recém-criada ciência da teoria dos germes. Foi recebido com hostilidade. Para um cirurgião estabelecido, adequar-se a esses novos métodos exigiria um tipo de autonegação que muitos médicos achavam difícil de oferecer. Muito provavelmente nós também acharíamos.

Mas, para os médicos e cientistas que estavam em formação na época da proposta de Lister, o método antisséptico era mais fácil de aceitar. Eles viram como os resultados justificavam o tratamento, em vez de se sentirem pessoalmente julgados por tais resultados. A adesão ao método antisséptico não exigiu uma profunda reprogramação de suas crenças. A reputação deles não estava em jogo.

Mesmo depois de Lister publicar suas animadoras descobertas no *The Lancet*, a adoção foi gradual e debatida. Em Glasgow, onde Lister vivia e operava, as taxas de mortalidade por cirurgia diminuíam lentamente. Mas seus métodos sobreviveram a seus críticos.

Trinta anos depois, boa parte da geração mais velha de cirurgiões havia morrido, parado de operar ou sido marginalizada por seu pensamento ultrapassado, a tal ponto que sua influência havia minguado. Uma geração mais jovem, que já havia aceitado a ciência do método antisséptico, estava operando no lugar. A troca de guarda criou um ponto de inflexão. O método antisséptico virou ciência aceita, o ponto de vista da maioria, e isso levou uns trinta anos.

Se uma mudança significativa é bem-sucedida – mesmo em se tratando de algo tão relevante quanto diminuir drasticamente as taxas de mortalidade cirúrgica –, demora até que essa mudança se torne a norma. A nova ideia deve provar seu valor aos céticos – e sobreviver a eles. Quando isso acontece, o novo se torna normal.

Mexa-se

Em 1960, um futuro presidente dos Estados Unidos deu uma bronca nos americanos por estarem gordos. Não era o Trump pré-Twitter. Era o presidente eleito John F. Kennedy, num artigo da *Sports Illustrated* intitulado "The Soft American".

Kennedy observava que, em 1951, 51% dos calouros de Yale eram aprovados num teste básico de condicionamento físico. Em 1960, apenas 35% haviam passado nesse teste. O que acontecera com aquele país jovem e vigoroso? Em uma palavra: televisão.

Em 1950, havia 3 milhões de televisores nos Estados Unidos. No final da década, já eram mais de 50 milhões. E milhões de pessoas esparramadas no sofá, com o consequente acúmulo de quilos extras. A vida havia se tornado vagarosa. Os bons tempos estavam bons demais.

Kennedy se preocupava tanto com essa mudança que fez da boa forma uma prioridade nacional. Instituiu diretrizes nacionais de condicionamento físico, criou uma comissão presidencial para o tema e até desafiou os militares a marcharem oitenta quilômetros em vinte horas (mais tarde chamada de Caminhada Kennedy) para se testarem.

Do púlpito da presidência, Kennedy deu aos Estados Unidos uma nova prioridade e um novo passatempo nacional: o exercício. Por mais louco que soe hoje, essa já foi uma ideia nova.

"Nos anos 1940 e 1950, o interesse casual em nutrição, condicionamento físico e a obtenção da melhor forma física não eram assuntos populares", escreve Harold Zinkin, ex-Mister Califórnia, figura central da chamada Praia da Musculação e da história da ginástica. Segundo Zinkin, o apelo de Kennedy pela boa forma "parecia até revolucionário" em 1960. E quem diz isso é uma das poucas pessoas que já se exercitavam de fato.

Na época, exercícios cansativos eram considerados perigosos e prejudiciais à saúde.

"Os médicos alertavam as pessoas de que levantar peso era ruim para a saúde", escreveu Arnold Schwarzenegger sobre o halterofilismo na década de 1960. "Até alguns atletas profissionais evitavam treinar na academia, por causa dos mitos de que levantar peso os tornaria mais musculosos e menos ágeis."

Na década de 1960, ver alguém correndo ao ar livre para se exercitar era algo tão raro que as pessoas chamavam a polícia. Strom Thurmond, o segregacionista da Carolina do Sul, foi abordado pela polícia enquanto corria em 1968.

O interesse pela corrida começou a crescer depois que um pequeno livro chamado *Jogging* introduziu um estilo mais suave de corrida, em 1966. Esse estilo havia sido introduzido pouco tempo antes na Nova Zelândia, onde o autor do livro, o treinador de corrida Bill Bowerman, a havia testado em si mesmo. O livro vendeu 1 milhão de exemplares, e Bowerman desenvolveu um novo tênis de corrida para essa crescente comunidade e ajudou a fundar uma empresa para fabricá-lo, chamada Nike.

No final da década de 1960, o *Chicago Tribune*, o *Saturday Evening Post* e o *The New York Times* noticiaram o curioso fenômeno de pessoas correndo ao ar livre por prazer e saúde.

Não era a única nova tendência em termos de exercícios.

Na Califórnia, um novo local chamado Gold's Gym popularizava o levantamento de peso. Criada em 1965 por um dos levantadores originais da Praia da Musculação, a rede de academias Gold colocava pela primeira vez exercícios de verdade ao alcance de milhões de americanos. Em 1972, 1,7 milhão de americanos estavam matriculados em alguma academia. No final daquela década, seriam dez vezes mais.

A aeróbica, um novo estilo de exercício inventado por um fisiologista e fisioterapeuta da Força Aérea, foi introduzida em 1968. Na década de 1980, Jane Fonda liderava dezenas de milhões de séries aeróbicas em aparelhos de videocassete instalados em porões, quartos e salas de estar de todo o país.

O exercício, que era revolucionário em 1960, virou algo normal trinta anos depois. Em 1993, uma geração após o apelo de Kennedy por mais exercícios, os Estados Unidos tiveram seu primeiro presidente corredor. Hoje, 60 milhões de americanos estão matriculados numa academia. Vinte milhões de americanos fazem ioga. Meio milhão de pessoas correm maratonas a cada ano. O exercício como passatempo cresceu do nada para o normal em um período surpreendentemente curto.

Não consideramos o exercício um sucesso porque nem reconhecemos como ele é uma novidade na sua forma moderna.

De novidade a normal

Mudanças ocorrem em resposta a uma crise. A ascensão da televisão inspirou a ascensão do exercício. Lister fez experiências com antissépticos porque as pessoas continuavam morrendo após cirurgias. Sem doença, não há necessidade de cura.

Um exemplo: a reciclagem.

A ideia de "jogar fora" o que você já usou é um conceito do século 20. A embalagem é uma coisa recente. Até o século 19, pouquíssimas coisas eram para ser descartadas. Por definição, as coisas eram recicladas.

Não demorou muito para que a sociedade sentisse os efeitos da crescente quantidade de lixo gerada por sua nova cultura consumista. Em 1953, uma campanha intitulada "Mantenha a América Bonita" começou a combater o novo problema do lixo sendo jogado por aí. No final da década de 1960 – após apenas duas décadas dessa nova vida boa –, começou a ficar difícil ignorar as pilhas de detritos acumulados nos Estados Unidos.

Em resposta a isso, o estado do Oregon iniciou em 1970 o primeiro programa moderno de reciclagem. Em 1980, Woodbury, em Nova Jersey, tornou-se o primeiro município a exigir a reciclagem. Essa decisão pareceu ainda melhor depois que uma barcaça carregando lixo da cidade de Nova York ficou retida em alto-mar, no final dos anos 1980, porque ninguém se dispunha a pegar a carga. Na época, Nova York reciclava apenas 1% de seu lixo. Um momento de crise havia chegado.

A reciclagem tornou-se obrigatória em cada vez mais cidades nos anos 1990 e início dos 2000 (embora, como já vimos, muitas usassem o problemático método do fluxo único), crescendo como negócio e como tarefa doméstica diária. Metade dos americanos recicla seu lixo atualmente, e pouquíssimos reciclavam há uma geração (e basicamente todo mundo reciclava apenas duas gerações antes dela, nos tempos pré-consumismo).

O caso dos alimentos orgânicos é semelhante. A preocupação com pesticidas e alimentos processados tem gerado um crescente interesse por alimentos de maior qualidade.

No começo, os orgânicos cresciam graças a lojas de alimentos naturais e varejistas independentes (lembro-me vividamente de ir com minha mãe à lojinha de produtos naturais da nossa cidade, nos anos 1980). Tornaram-se muito mais comuns depois que a Food and Drug Administration [agência federal americana que regula alimentos e medicamentos] estabeleceu padrões que definiam os alimentos orgânicos, em 2000.

Hoje, os alimentos orgânicos são comuns e estão amplamente disponíveis. Um terço dos americanos os busca ativamente na hora das compras. Há uma seção de orgânicos no Walmart.

Reciclagem, alimentos orgânicos e exercícios podem não ser *o mais* comum, mas *são* comuns. Em trinta anos, todos eles deixaram de ser uma ideia nova para virarem um novo padrão. E ainda não pararam de crescer.

Mudança nem sempre é progresso

Por mais encorajadoras que sejam essas tendências, também devemos ser cautelosos ao avaliarmos as mudanças.

Tendemos a supor que tudo que é novo precisa ser aprimorado. Que tecnologia significa progresso. Esse é um erro que as campanhas publicitárias gastam bilhões para nos ajudar a cometer.

Novo *pode* significar melhor, e tecnologia *pode* trazer progresso. Mas essas coisas não acontecem automaticamente. Outras vezes, podem ser "meios melhorados para um fim não melhorado", como escreveu Thoreau em *Walden*.

Considere que gastamos bilhões de dólares por ano em água engarrafada, sendo que nunca tivemos tanta disponibilidade de água potável e limpa na história pós-industrial.

Conforme a água da torneira foi melhorando, passamos a bebê-la menos. O marketing da água engarrafada nos convenceu de que a água da torneira é antiquada e de má qualidade. "No fim, a água da torneira será relegada a tomar banho e lavar louça", disse uma executiva do setor de bebidas em 2000.

Lançada na década de 1980 e anteriormente um recurso público, a água engarrafada era a bebida mais vendida nos Estados Unidos trinta anos depois. As vendas continuam a crescer 10% ao ano, enquanto o produto gratuito nas torneiras é cada vez menos utilizado.

A comercialização da água coincidiu com o desaparecimento dos bebedouros públicos – uma peça central na vida pública durante séculos. O desaparecimento é tão pronunciado que, em 2018, o anúncio de que Londres instalará vinte novos bebedouros foi recebido com uma exuberância sincera, porém deprimente.

Assim como mudança nem sempre é progresso, também convém lembrar que o progresso não é inevitável. O progresso é conquistado.

Essas breves visões gerais sobre a ascensão dos exercícios, da reciclagem e dos alimentos orgânicos podem criar a impressão de que essas mudanças foram naturais e inevitáveis. Que simplesmente aconteceram organicamente. Não é o caso.

Essas mudanças aconteceram porque as pessoas se esforçaram para que acontecessem. Elas defendiam uma nova perspectiva, primeiro tornando-a real em suas próprias vidas, e gradualmente expandindo-a para os outros. Essas ideias encontraram uma comunidade de apoiadores e parceiros institucionais que as ajudaram a se integrar ao *mainstream*.

Para que o mundo mude numa direção específica, as pessoas precisam fazer isso acontecer. Se uma nova ideia puder gerar valor e conquistar os outros, ela tem chances. Mas esse resultado está longe de ser garantido.

2050

O que nos leva de volta a 2050.

No início deste livro, perguntei onde estaremos em 2050. Não se trata apenas de um número redondo. É daqui a trinta anos. A uma geração de agora.

Trinta anos. Foi o tempo que levou para que os exercícios, os alimentos orgânicos, a reciclagem, o arremesso de três pontos, a cirurgia esterilizada, a internet e tantas outras partes da vida que hoje parecem normais e passam despercebidas deixassem de ser uma ideia nova para se tornar o normal. Muita coisa pode mudar em trinta anos. Se o movimento bentoísta continuar crescendo, daqui a trinta anos – em 2050 – poderemos esperar uma mudança notável na maneira como pensamos o valor. Mas também precisamos de expectativas realistas sobre a natureza da mudança.

A mudança não ocorre da noite para o dia. A mudança é incremental. Muita coisa muda em longo prazo, e é mais difícil obter resultados instantâneos.

A mudança não é uma corrida de velocidade. É uma maratona – e *também* um revezamento. Cada pessoa ou geração corre uma etapa de uma corrida mais longa. A linha de chegada pode não aparecer na nossa vida. Isso não é motivo para se sentir desencorajado. É simplesmente a matemática com a qual temos que trabalhar. Mudar não é impossível. Simplesmente demora. Por mais que tentemos, não vamos fazer a parada de mão perfeita em um só dia.

Mas, quando a mudança começa a crescer, ela pode se acelerar rapidamente. A mudança é contagiosa. A mudança cria um efeito de juros compostos: algumas pessoas mudando significa que mais pessoas mudarão. Um movimento, ao crescer, pode dar a impressão de se voltar da noite para o dia em favor de uma nova ideia. Numa perspectiva temporal suficientemente longa, tudo é possível.

Também devemos estar cientes de como é muito mais difícil mudar quando quem precisa fazer a mudança é você. Podemos zombar dos médicos que ignoraram a teoria dos germes, mas ninguém gosta de ter que mudar quando a mudança não foi ideia sua. É difícil para nosso ego lidar com isso.

Por isso, qualquer mudança séria para combater a mudança climática virá, em última análise, de gerações que têm menos responsabilidade pela crise. É mais fácil corrigir os problemas dos outros que os seus. Mesmo em meio às forças arrebatadoras da história, a natureza humana ainda é a protagonista.

Clique geracional

Em 1983, Isaac Asimov, o lendário autor de ficção científica, foi questionado sobre como seria o ano de 2019. Naquela época, faltavam 35 anos.

Entre outras coisas, Asimov previu um crescente desemprego por causa da automação, resultando em mudanças na estrutura do trabalho e da sociedade. Os problemas seriam maiores e mais desafiadores que na Revolução Industrial, especulou ele.

Mas logo, afirmou, isso mudaria: "A geração da transição estará morrendo, e estará crescendo uma nova geração já educada no mundo novo. É bem provável que a sociedade, a essa altura, tenha entrado numa fase que pode ser melhorada de forma mais ou menos permanente em relação à situação que existe agora".

Às vezes, uma geração e um momento se encaixam, como num clique. Estão idealmente capacitados para enfrentar o desafio de seu tempo. É por isso que as pessoas celebram a Geração Grandiosa, aqueles que lutaram na Segunda Guerra Mundial. Em um momento de crise, uma geração de gente comum do mundo todo estava pronta para defender os valores da sociedade.

Asimov parece prever um clique semelhante entre os desafios de nossa transição para "o mundo novo" e a geração que estaria aparecendo exatamente agora. Este seria o momento, previu Asimov, em que tudo poderia mudar.

10

A classe maximizadora de valores

Pouca gente na história pode levar o crédito por ter criado tanto crescimento econômico quanto John Maynard Keynes. O economista britânico foi o fundador da macroeconomia e um importante arquiteto da economia global. Durante a Grande Depressão, ele conseguiu convencer os governos mundiais a gastarem verbas públicas para gerar empregos e oferecer outras formas de apoio social. Talvez você já tenha ouvido alguém falar em "economia keynesiana" num podcast. É desse cara que estão falando.

Keynes foi um grande paladino do capitalismo. Em um artigo de 1930 intitulado "Economic Possibilities for Our Grandchildren", ele observa que entre 2000 a.C. e 1700 d.C. (período também conhecido como a era da sangria) houve pouco crescimento econômico ou desenvolvimento tecnológico no mundo. Durante esses milênios, calcula ele, a vida melhorou 1% – no máximo.

Mas então, escreve Keynes, isso começou a mudar. Quando a Espanha enviou navios para o outro lado do Atlântico, no fim do século XV, eles descobriram não apenas o Novo Mundo. Descobriram também a magia do que viria a ser chamado de capitalismo. Os investimentos nas expedições ao Novo Mundo trouxeram retornos financeiros lucrativos que foram investidos em outras expedições, que trouxeram retornos lucrativos, e assim por diante. Esse foi o momento eureca em que a humanidade descobriu o duplo poder do reinvestimento de capital e dos juros compostos.

Vamos deixar claro que essas expedições não se destinavam apenas a intercâmbios comerciais simples e benignos. *Até havia* intercâmbios comerciais, mas também houve a exploração e o genocídio de milhões de pessoas e a destruição de inúmeras formas de vida. Junto com os retornos financeiros, os aspectos mais feios do capitalismo já estavam lá desde o início.

Apesar de toda a sua paixão pelo capitalismo, Keynes enxergava suas limitações. No mesmo artigo, ele escreve:

> Quando a acumulação de riqueza deixar de ser algo de grande importância social, haverá grandes mudanças no código moral. Poderemos nos livrar de muitos dos princípios pseudomorais que nos assolam há duzentos anos, pelos quais exaltamos algumas das mais desagradáveis qualidades humanas, pondo-as na posição das mais altas virtudes. Teremos a ousadia de avaliar a motivação monetária pelo que realmente vale. O amor pelo dinheiro como posse – tão diferente do amor pelo dinheiro como meio para os prazeres e realidades da vida – será reconhecido pelo que é: uma morbidez um tanto asquerosa.

No entanto, Keynes não propunha nada que pudesse ser feito a esse respeito. Ainda não.

> Mas atenção! A época disso tudo ainda não chegou. Por pelo menos mais cem anos, teremos que fingir para nós mesmos e para todos os demais que o certo é errado, e que o errado é certo; que o errado é útil, e o certo não é. A avareza, a usura e a precaução ainda devem ser nossos deuses por mais um tempo. Pois somente eles podem nos levar do túnel da necessidade econômica em direção à luz do dia.

Para manter o crescimento econômico, escreve Keynes, devemos fingir que a ganância, a inveja e outras emoções "erradas" são boas "por pelo menos mais cem anos". A essa altura, pensou Keynes, haveria riqueza suficiente para deixar essa duplicidade para trás.

Keynes escreveu essas palavras em 1930. O que significa que estamos perto de seu centenário. Depois de as pessoas terem passado um século fingindo que "o errado é certo, e o certo é errado", esses "deuses", como Keynes os chamou, nos dominaram.

Mas o domínio do dinheiro não é eterno. Nem Keynes achava isso. Este é o exato momento em que o homem que inventou a macroeconomia previu que poderíamos escapar "do túnel da necessidade econômica em direção à luz do dia".

Ou seja, nós.

O caminho não trilhado

Nas décadas seguintes às palavras de Keynes, avareza, usura e precaução trouxeram prosperidade.

De 1946 a 1973, os trabalhadores americanos tiveram o melhor período de expansão salarial da história. O salário médio aumentou 91% e a renda real da família média mais do que dobrou. Os Estados Unidos construíram a infraestrutura de seu futuro, principalmente a classe média crescente, enquanto as pessoas trabalhavam menos e pela primeira vez tinham renda disponível. O objetivo era prosperidade geral, e todos estavam incluídos.

Mas aí a maximização financeira assumiu o controle.

Sob a maximização financeira, o objetivo da prosperidade ampla desapareceu. Em seu lugar, virou a *minha* prosperidade. O padrão predefinido para o país deixou de ser o crescimento da classe média (crescimento do Nós Agora e do Nós Futuro) e se tornou a maximização financeira (crescimento para Mim e somente para Mim).

Quarenta anos depois, os Estados Unidos têm a maior desigualdade patrimonial do mundo, e a classe média americana – um foco central durante o *boom* americano – está encolhendo. O salário médio do funcionário contratado (corrigido pela inflação) está praticamente estável desde 1973. O CEO médio, entretanto, ganha 271 vezes mais que o trabalhador médio.

Após desfrutar do mais elevado padrão de vida do mundo durante praticamente todo o século 20, os Estados Unidos caíram para o 17º lugar em 2018. Desde que a maximização financeira tomou conta:

- os serviços públicos e a infraestrutura se deterioraram;
- os monopólios bloqueiam a concorrência e o empreendedorismo;
- as redes comerciais privam comunidades locais de dinheiro e oportunidades;
- as empresas e os ricos ocultam estimados 10% do PIB em paraísos fiscais *off-shore*;
- os políticos reescrevem leis para ajudar grandes empresas, à custa da população.

Se os Estados Unidos tivessem mantido sua trajetória anterior à maximização financeira, atualmente:

- o trabalhador médio ganharia mais;
- CEOs e executivos ganhariam menos, mas ainda assim estariam entre as pessoas mais bem pagas do planeta;
- quem ganha mais pagaria mais impostos;
- haveria mais verbas para serviços públicos, infraestrutura e educação;
- os ricos continuariam sendo ricos, só não seriam *tão* ricos.

Em outras palavras, uma sociedade civil mais forte do que temos hoje. Por causa da maximização financeira, isso parece um devaneio. Mas não é. Esse mundo já existiu antes, e algo parecido pode existir novamente.

Para chegar lá, é preciso alterar certos valores. Isso começa por reaprender a olhar além do interesse próprio do Eu Agora.

Alguns poderiam argumentar que olhar além do Eu Agora é irracional e pouco razoável. O mundo é uma selva, diz esse raciocínio. Quando a coisa aperta, as pessoas fazem qualquer coisa para sobreviver. É cada um por si.

Já vimos essa história em tantos filmes, e já a praticamos em tantos games de tiro, que passamos a acreditar nela. Quando as coisas começarem a dar errado – e atualmente isso pode acontecer qualquer dia destes –, toda essa baboseira de *sociedade* irá desaparecer. Aí voltaremos à sobrevivência do mais apto. Matar ou morrer.

Embora essa trama seja onipresente, ela não é verdadeira. Nas circunstâncias mais extremas, as pessoas não revertem automaticamente a um Eu Agora animalesco. Em momentos de crise real, vemos verdades maiores.

33 "Eus"

Em 5 de agosto de 2010, centenas de milhares de toneladas de rochas desabaram subitamente nas profundezas do subsolo do deserto de Atacama, no Chile.

Trinta e três homens ficaram retidos sob aquelas pilhas de pedra. Eram mineiros que haviam sido contratados para extrair minérios e valor das profundezas da Terra.

Os homens estavam isolados. Não tinham como se comunicar com o mundo exterior. Ninguém na superfície sabia exatamente onde eles estavam. Os 33 homens tinham comida e água suficientes para alimentar dez homens por apenas dois dias. Era, na medida em que isso pode existir, um verdadeiro momento Dilema do Prisioneiro. Então, como o Eu Agora resolveu as coisas? Será que a lei da selva foi instaurada, com facções competindo por recursos escassos e os fortes matando os fracos?

Nada disso aconteceu. Os homens não se voltaram uns contra os outros. Eles se organizaram.

Não foi algo imediato. No primeiro dia, muitos dos homens procuraram freneticamente uma saída. Mas, depois de perceberem sua situação, alguns líderes surgiram. Os homens colaboraram para criar uma ordem, uma estrutura e um propósito. Distribuíram tarefas e, pelo voto, decidiram como racionar recursos. Simularam o dia e a noite usando luzes elétricas. Encorajavam-se mutuamente quando desanimavam. Todos os dias para eles começavam com uma oração.

Não eram 33 Eus. Era um Nós.

Durante mais de duas semanas terríveis e inimagináveis, sem contato com o mundo exterior, foi assim que esses 33 homens viveram. Eles não faziam ideia se algum dia seriam encontrados, mas mesmo assim continuaram vivendo uma existência estruturada e colaborativa. Era preciso fazer isso para sobreviver.

No 16º dia, os suprimentos de comida estavam se esgotando. Os homens diminuíram a ração de cada um a *uma mordida* de comida a cada três dias. Ainda assim, aguentaram firmes.

E então, milagrosamente, no 17º dia, uma broca atravessou uma parede. Eles foram encontrados. Foi organizado um esquema de resgate, e 52 dias depois todos os 33 homens deixaram a mina sãos e salvos.

Se os mineiros tivessem encarado seu desafio como um Dilema do Prisioneiro, do Eu Agora, muitos desses homens, ou mesmo todos, estariam mortos. Se estivessem cada um por si, a situação teria acabado em tragédia. Os mineiros sobreviveram porque reconheceram a verdade: eles iriam viver ou morrer juntos. Tornando-se um Nós em vez de 33 Eus, eles encontraram o caminho para sobreviver.

Bentoísmo

O fato de não estarmos retidos numa mina não significa que não estejamos presos também. Estamos presos sob o dedo da maximização financeira. Estamos presos a uma perspectiva limitada.

Como nos libertamos dessas limitações? Reconhecendo como o universo é grande.

Não é só assim:

É assim:

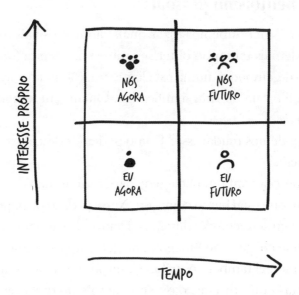

O que aconteceria se essa maneira de ver o valor se tornasse o normal? Se considerar as necessidades do Nós Futuro e do Nós Agora virasse algo comum e aceito? Mais empresas ofereceriam reparos e incentivariam a reutilização de produtos existentes, como faz a Patagonia? Mais fabricantes de automóveis buscariam ativamente soluções para nossas crises ambientais, mesmo que isso prejudicasse o interesse financeiro deles de curto prazo? Os CEOs voluntariamente dariam uma remuneração menor a si mesmos e maior aos trabalhadores? Seríamos capazes de satisfazer nossas necessidades financeiras e também priorizar os valores importantes para nós, como Adele?

Sim. Sim para essas coisas e para algumas outras. Veja o que a humanidade já criou em busca do crescimento financeiro. Imagine o que pode ser feito se combinarmos nossos recursos com uma compreensão mais ampla do valor. Um mundo em que não estejamos focados apenas em capturar o valor, e sim em criá-lo. Um mundo onde todos possamos levar uma vida mais coerente com nós mesmos.

Como isso aconteceria?

Passo 1: bentoísmo pessoal

Muitos de nós não sabemos dizer quais são nossos valores. Estamos ocupados demais tentando obter segurança financeira (na esperança de que isso desemboque numa excelente situação financeira) para procurar uma filosofia de vida significativa. Quem tem tempo para uma coisa dessas?

Como podemos mudar isso? Como podemos descobrir nossos próprios valores?

Tudo começa com um pedaço de papel em branco.

Foi assim que meu bentô começou. Nesse pedaço de papel, desenhei um bentô com seus compartimentos. Dentro de cada um, escrevi uma pergunta que chegava ao âmago daquele compartimento do bentô, e a seu lado escrevi também os valores centrais de cada compartimento. As perguntas eram diretas: o que eu quero e do que preciso? O que meu Eu Futuro quer e do que precisa? O que queremos e do que precisamos? O que o Nós Futuro quer e do que precisa?

Dei cinco minutos a mim mesmo para imaginar respostas. Tentei não pensar demais. Escrevi o que me veio à mente. Aqui está o que saiu:

NÓS AGORA	NÓS FUTURO
O QUE É "NÓS"? O QUE ELE QUER/PRECISA? Família — Tempo juntos Amigos — Foco + atenção Vizinhos — Estar sempre ali para o outro	**O QUE O NÓS FUTURO QUER/PRECISA?** Ambiente seguro + saudável Oportunidade Instituições Justiça Novo conhecimento
O QUE EU QUERO/PRECISO? Saúde — Parceria Amor — Autoconsciência Propósito — Bons hábitos Desafio	**O QUE SEMPRE PRECISA SER VERDADE SOBRE MIM?** Leal a família, valores, amigos Curioso Guiado por valores Vê o quadro geral Amoroso + aberto
EU AGORA	EU FUTURO

Passei mais algum tempo buscando semelhanças e temas no que havia escrito. Quais traços, valores ou motivações essas ideias têm em comum? Depois de algumas iterações, meu bentô ficou assim:

A classe maximizadora de valores

O que me motiva? Qual é o meu propósito? Meu bentô me mostra isso. Estes são meus valores. O que me move. A essência de quem sou. Olhar isso pela primeira vez foi tocante e revelador. Essas coisas pareciam ser verdade.

Depois que meu bentô estava montado, passei a fazer perguntas. Comecei com situações do cotidiano. Aqui estão algumas coisas reais que perguntei ao meu bentô, e o que ele disse.

Devo sair de férias com a família de um amigo?

Focado em tempo aprofundado com amigos **NÓS AGORA** <u>SIM</u>	Nós Futuro / nova tradição familiar **NÓS FUTURO** <u>SIM</u>
Preciso terminar o livro/ Muito trabalho a fazer **EU AGORA** <u>NÃO</u>	Tipo de harmonia familiar de que eu mais gosto **EU FUTURO** <u>SIM</u>

O Nós Agora, o Nós Futuro e o Eu Futuro diziam sim em peso. As férias seriam com bons amigos, passaríamos ótimos momentos e manteríamos viva uma tradição recente de nossas famílias viajarem juntas. A viagem se alinhava facilmente com esses compartimentos do bentô.

Mas o Eu Agora dizia que não. Eu tinha um prazo para este livro, e não queria estourá-lo. Embora três compartimentos do bentô dissessem que sim e só um dissesse que não, não saímos de férias.

Vamos fazer um mais difícil.

Eu ganho a vida em parte dando palestras. Organizações, escolas e eventos me convidam para compartilhar minhas ideias com o público deles, e me pagam por isso. Mas, às vezes, sou convidado a falar em empresas que fazem algum tipo de trabalho com o qual não estou muito confortável. Agências de publicidade, empresas de serviços financeiros ou outras que dão a sensação de que talvez não estejam ligadas a valores.

Meu instinto (e minha resposta) a esses convites é recusá-los. Parece uma forma de me vender, então não faço. Mas fiz essa mesma pergunta ao bentô.

Devo palestrar numa empresa que não admiro?

Tempo aprofundado com ideias, não dá para pregar só aos convertidos	Para construir uma Matrix melhor a gente precisa dessas orgs.
NÓS AGORA	**NÓS FUTURO**
SIM	SIM
Mostrar a Matrix às pessoas + sustentar-se	Tem certeza de que não está se vendendo?
EU AGORA	**EU FUTURO**
SIM	NÃo

O Eu Agora diz para fazer. Dar palestras cria segurança financeira e atende ao meu objetivo de mostrar a Matrix às pessoas. Meu bentô não diz nada sobre quem essas pessoas devem ser.

O Nós Agora diz para fazer. Devo simplesmente pregar aos convertidos? Talvez seja nos lugares que me deixam mais nervoso que minha voz faça mais diferença e onde mais eu tenha a aprender.

O Nós Futuro diz que, para o mundo se afastar da maximização financeira, são esses os lugares que devem evoluir. Eu deveria ver a chance de falar diretamente com essas pessoas como uma oportunidade e uma responsabilidade.

O Eu Futuro, no entanto, ainda diz que não. Está preocupado com a compensação financeira que vem junto. Ele questiona minhas intenções e me diz para tomar cuidado. É a voz que me cutucava quando eu me debatia com essas decisões no passado. Mas, agora que posso colocar essa voz no contexto do Eu Futuro, sou grato por ela estar lá. É como um guarda-costas que toma conta de meus valores. Ele me dá cobertura.

Embora eventualmente eu ainda rejeite convites para palestras por razões do Eu Agora, tenho estado mais aberto a elas. Enxergar isso de um ponto de vista bentoísta mudou a forma como eu pensava nessa parte da minha vida.

***

Com sua visão mais microscópica sobre nossos valores, o bentô mostra por que algumas escolhas são mais difíceis para nós do que outras. Pense em uma das coisas mais difíceis que as pessoas fazem: parar de fumar. Imaginemos o bentô de um fumante, que lhe pergunta se deve parar.

O fumante sabe que fumar é ruim. Sabe que parar é melhor para si em longo prazo. Sabe que é o melhor para as pessoas que ele ama. E mesmo assim o Eu Agora, com suas tendências compulsivas e hedonistas, diz que não quer parar.

É importante reconhecer que o Eu Agora não está sendo irracional. É viciado em nicotina. O incômodo de parar é infernal. Quem escolheria experimentar uma coisa dessas se tivesse a opção? É por isso que nossa voz do Eu Agora pode ser tão teimosa: às vezes, ela tem um argumento válido com base em seu ponto de vista limitado – porém racional. Assim como a maximização financeira.

Devo abandonar o hábito de fumar?

Minha família detesta, é ruim para meus filhos **NÓS AGORA** SIM	Imagine que meus filhos comecem a fumar por minha causa? **NÓS FUTURO** SIM
Adoro fumar. Parar vai ser muito chato **EU AGORA** NÃO	Vida mais longa e saudável! **EU FUTURO** SIM

Tendemos a precisar de ajuda externa para mudar vozes como essas. Existem versões positivas e negativas dessa ajuda, desde o incentivo de um parceiro para parar de fumar até sair apavorado de uma consulta médica. Ser confrontado por essas vozes pode empurrar a pessoa para um caminho diferente. Mas, ao mesmo tempo, o fumante já sabe os motivos pelos quais deveria parar. E, no entanto, sua voz do Eu Agora diz para continuar fumando.

Uma estratégia mais proveitosa seria criar uma realidade em que o Eu Agora de um fumante lhe diga racionalmente para deixar de fumar. Como? Aumentando o esforço necessário para fumar. E é o que a sociedade efetivamente tem feito. Estigmatizamos os cigarros, os encarecemos ao cobrar impostos altos e proibimos o fumo em espaços públicos para aumentar o esforço necessário para fumar. À medida que o Nós Agora da sociedade para de fumar – como parou –, mais Eus Agora também param. Ao priorizar os valores da pessoa que precisa

A classe maximizadora de valores 193

ser convencida, as chances de influenciar sua opinião ou comportamento são muito maiores.

***

Quando comecei a usar o bentô, ele ficava pendurado ao lado da minha mesa, e eu tinha uma foto dele no celular. Achava útil ter um lembrete concreto de meus valores num mundo em que as revistas me dizem para me subverter.

O bentô muito rapidamente virou uma segunda natureza para mim. Logo podia imaginá-lo, fazia mentalmente uma pergunta e observava cada compartimento do bentô piscando em vermelho ou verde com uma resposta sim ou não. Nas decisões familiares, minha esposa e eu começamos a perguntar um ao outro: "O que nosso bentô diz?", e então conversávamos a partir dessas perspectivas. Isso ajudava a esclarecer o que era importante e quais opções estavam mais alinhadas com nossos valores.

Às vezes, uma pergunta exigia que eu escrevesse respostas, como você viu. Isso me dava uma compreensão mais sutil da situação. Talvez um compartimento do bentô dissesse "não", mas não por causa da decisão em si, e sim por causa da forma como eu imaginava que ela aconteceria. Isso me permitiu continuar retomando a situação até chegar a um resultado sim/sim/sim/sim.

O que não significa que apenas as respostas sim/sim/sim/sim sejam aceitáveis. Como mostram os exemplos anteriores, as respostas que recebo do meu bentô muitas vezes são confusas. Aliás, é provavelmente por isso que eu fiz essas perguntas específicas. No entanto, mesmo quando ignoro o que o bentô recomenda, a crescente conscientização de meus valores tem levado a escolhas mais coerentes comigo mesmo e a uma vida mais conforme com minha natureza. Isso me ensinou uma nova maneira de ver.

Você acha impossível? Não é. Comece com um pedaço de papel em branco. Você também consegue.

Passo 2: bentoísmo organizacional

Um senso de valor bentoísta em nossa vida pessoal é poderoso. Mas sozinho ele não basta para fazer frente à maximização financeira. Por isso precisamos que as organizações também se alinhem com um sistema de valores bentoísta.

As organizações – principalmente as empresas – exercem enorme influência no mundo. Elas são uma força motriz para a maximização financeira e o estabelecimento de normas. Para que haja uma adesão maciça à abordagem bentoísta do valor, as empresas precisam ser parceiras na liderança.

Parece algo difícil de vender. Por que as empresas voluntariamente se dedicariam a algo além da maximização financeira? Isso parece a antítese das tendências das últimas décadas.

É verdade. Porém, mais do que qualquer outra instituição laica, organizações e empresas vêm adotando a prática de usar valores para definir expectativas e orientar decisões. Há dúvidas sobre a sinceridade desses valores (a Enron cita "integridade" e "respeito" como dois de seus valores centrais, por exemplo), mas a validez dos valores como forma de moldar decisões é mais aceita nas organizações do que em qualquer outro lugar.

E, graças a estruturas corporativas como as corporações de benefício público, uma empresa tem a possibilidade de conferir a seus valores e crenças um *status* legal que pode durar gerações. As empresas estão em uma posição ímpar para liderar o futuro de como a sociedade pensa nos valores.

O bentô funciona para uma organização do mesmo jeito que para uma pessoa. A única diferença é que o "Eu" de uma organização se refere ao interesse próprio dessa organização, e o "Nós" se refere a funcionários, clientes, membros da comunidade e outros atingidos pelo que ela faz.

Como exemplo, aqui está um bentô que fiz para a Apple, usando o que é divulgado publicamente sobre a missão, a identidade e a estratégia da empresa.

A classe maximizadora de valores 195

BENTÔ DA APPLE

NÓS AGORA O "jardim murado" da privacidade funciona bem	**NÓS FUTURO** Ferramentas + plataformas que façam a humanidade avançar
EU AGORA Ferramentas que façam a humanidade avançar	**EU FUTURO** Pense diferente

Esse bentô (se fosse baseado na real estratégia da empresa, e não apenas uma imitação barata) serviria como bússola para as decisões da Apple. Em quais projetos devemos investir? Nos que estiverem mais alinhados com nosso bentô. Como devemos fazer esse novo produto? Conforme os valores Nós Agora que nossos clientes esperam e os padrões Eu Futuro que nós esperamos. E assim por diante.

Uma vez que uma organização identificou os valores de seu bentô, seus objetivos e métricas devem evoluir para refleti-los. As metas financeiras seriam mantidas para garantir a sustentabilidade e a rentabilidade, mas as metas e métricas associadas aos valores bentoístas seriam colocadas no alto também. A organização mudaria de um foco único na maximização financeira para um foco duplo no desempenho financeiro e na geração de valor conforme estipulado na sua missão.

Isso faria com que todas as organizações se aproximassem do "espírito de coexistência e prosperidade compartilhada" que Konosuke

Matsushita recomendava para empresas e sociedades. "Toda empresa, por menor que seja, deve ter objetivos claros além da busca pelo lucro, propósitos que justifiquem sua existência entre nós", escreveu ele. "Tais objetivos são uma vocação, uma missão laica para o mundo."

Para uma empresa cuja missão seja melhorar a saúde da Terra, o impacto ambiental de seus produtos deve ser uma preocupação tão séria quanto a rentabilidade empresarial. A empresa deve estar disposta a abrir mão de parte dessa rentabilidade – seja oferecendo consertos vitalícios nas suas peças, como faz a Patagonia, ou "neutralizando o carbono do frete", como oferece o site de comércio eletrônico Etsy – em troca de um investimento nos valores fundamentados em sua missão. Ela deve estar disposta a usar o valor financeiro para criar um valor não financeiro.

Para que essas "missões laicas" sejam reais, elas precisam ser tão significativas quanto as preocupações financeiras da empresa. Se a liderança corporativa não for capaz de levar a sério as prioridades ambientais da empresa, o conselho terá que atrair novos líderes que ajam assim. Criar responsabilidade em torno desses valores deixa claro que, embora essa seja uma maneira diferente de fazer negócios, não deixa de ser um negócio. Os resultados importam.

Outras empresas podem ter dificuldade em identificar quais valores elas realmente apoiam além de vagas platitudes penduradas na parede da lanchonete. Essas empresas correm o risco da irrelevância à medida que se acelera a migração dos velhos valores para os novos. Para contratar pessoas de qualidade e conquistar uma clientela fiel, as empresas precisam ir além do crescimento em seus balanços. Precisam encontrar sua missão laica, uma maneira única de criar valor para suas comunidades. As empresas que criarem valor assim sobreviverão às ondas de choque dos novos modelos de negócios e a outras mudanças radicais, e durarão muito tempo. Do contrário, não sobreviverão.

Expandir os valores bentoístas em parceria com as organizações é algo que reúne o melhor de dois mundos: a urgência colaborativa das empresas e a promessa geradora de criação de valor. É dessa prosperidade compartilhada que o mundo precisa.

Passo 3: a classe maximizadora de valores

É 2050. Estamos na esquina da Segunda Avenida com a rua 1, no Lower East Side, em Nova York. No mesmo lugar onde o Mars Bar e o TD Bank estiveram. Os dois já se foram há muito tempo. Hoje, em seu lugar, há uma fachada toda de vidro, com as portas abertas para a rua.

Lá dentro, fileiras de mesas cheias de gente. Algumas pessoas são mais velhas; outras, mais jovens. Algumas conversam, outras olham fixamente para telas luminosas. Um *loop* de gráficos e outras visualizações é projetado na parede. Sobre a entrada, uma placa diz:

SOCIEDADE BENTÔ
Subsede do Lower East Side

Abaixo dela, um letreiro menor e manuscrito diz: "HSBChase Bank, à esquerda", com uma seta apontando para uma escadaria externa que leva ao segundo andar.

Dentro da subsede da Sociedade Bentô, pesquisadores envolvidos em um recente conjunto de experiências de desenvolvimento comunitário estão compartilhando os resultados. Quatro desses experimentos não fizeram diferença significativa, mas um deles é promissor. Outras pessoas na sala refletem sobre o que isso poderia significar.

Mundo afora, sessenta reuniões iguais a esta ocorrem na mesma noite. É nas reuniões mensais da Sociedade Bentô que os membros da comunidade compartilham ideias e dados de suas experiências sobre o desenvolvimento de valores não financeiros. Não há vergonha em compartilhar resultados negativos. Num campo tão novo, há sempre algo que pode ser aprendido.

***

Em 2050, uma visão bentoísta do valor é algo real. As pessoas entendem melhor seus valores e vivem uma vida mais coerente. As empresas se responsabilizam por um conjunto mais amplo de valores, que levam tão a sério quanto a sua rentabilidade. Ao longo dos últimos trinta anos, de forma lenta, mas segura, a crença num valor racional além do financeiro se tornou normal. Um novo padrão oculto predefinido.

À medida que emerge uma abordagem bentoísta do valor, pessoas talentosas são atraídas para seus inéditos desafios. Usar suas habilidades para maximizar o valor financeiro parece um desperdício quando há toda uma nova fronteira de valor esperando para ser desbravada. Sob a liderança de alguns dos melhores e mais brilhantes indivíduos das gerações millennial e Z, essas pessoas se tornam os pioneiros da nova classe maximizadora de valores.

Advogados, ajudantes de cozinha, analistas financeiros, caminhoneiros, cientistas de dados, cientistas sociais, contadores, designers, ecologistas, economistas, empresários, engenheiros, garçons, investidores de risco, jornalistas, marceneiros, meteorologistas, operários da construção civil, organizadores comunitários, políticos, professores, estudantes e aposentados se dedicam à missão de identificar, mensurar e desenvolver valores racionais não financeiros. O trabalho deles é financiado e distribuído pela Sociedade Bentô, cuja subsede acabamos de conhecer.

Um dos primeiros projetos do grupo foi coletar e analisar dados internos das empresas sobre seus investimentos para o desenvolvimento de valores. Após um exame minucioso de centenas de casos, os pesquisadores identificaram três caminhos principais para ampliar o valor:

1. Gerar novo valor em coisas novas.
2. Gerar novo valor em coisas existentes.
3. Gerar valor existente em coisas existentes.

O projeto mais bem-sucedido no primeiro caminho foi o CVA (crédito de valor agregado), uma moeda amparada pelo governo, com direito a juros, que remunera empresas e instituições comunitárias que tradicionalmente criam valor. O CVA já ajudou milhares de estabelecimentos locais a se manter e inclusive a se ampliar, já que os preços dos imóveis continuaram subindo.

Mas, entre todos os experimentos sobre "valor novo em coisa nova", o do CVA parece ser o único sucesso significativo. Outros, como os robôs de valor e os spas de valor pop-up, são bem-intencionados, mas não atraem muito interesse do público.

Projetos de desenvolvimento de valor que seguem o segundo e o terceiro caminhos – aumentar o valor novo ou existente nas coisas existentes – são outra coisa. Quase todas as empresas pesquisadas haviam ampliado com sucesso o valor de coisas já existentes. Por exemplo:

- O experimento de Adele levou outros a reprogramarem seus algoritmos de maximização financeira para maximizar a justiça. Isso prolongou a vida útil dos algoritmos originais e permitiu que estratégias de maximização da justiça fossem aplicadas à moradia, à assistência médica, a viagens e até ao trânsito. Esses algoritmos afirmativos, como foram chamados, usavam a lógica do leilão holandês reverso para combinar um mínimo de preço e competência com o máximo de demanda no setor imobiliário, no acesso a escolas e no uso de outros recursos públicos compartilhados.
- Ao fazer uma engenharia reversa dos algoritmos que agrupam e classificam seus usuários para fins de marketing, as empresas os reutilizaram para criar círculos de pares e mentores entre membros de uma comunidade. As ferramentas de segmentação ajudaram a agrupar pessoas em situações semelhantes (pessoas enfrentando desafios médicos ou financeiros, pessoas iniciando um negócio, mães e pais de primeira viagem) com outras pessoas que passavam pela mesma coisa ou que já haviam navegado com

sucesso por essas águas anteriormente. Isso aumentou os valores de autonomia, comunidade, conhecimento, maestria e propósito desses indivíduos e plataformas.

- Para reduzir o uso de recursos, muitas empresas migraram para o modelo "perene", que consiste em oferecer bens de consumo pelo preço de uma assinatura. Os clientes pagam uma pequena entrada e, depois, uma taxa mensal para continuar a possuir o produto ("perene" era inicialmente uma crítica coloquial, porque esses produtos ficam custando dinheiro para sempre). Os produtos têm garantia total vitalícia, com assistência técnica gratuita. Embora polêmicos, os produtos perenes resultam na produção de menos bens, no consumo de menos recursos e na redução do consumismo, enquanto as empresas mantêm e até aumentam sua rentabilidade e o nível de emprego em suas enormes instalações de reparo e reutilização.

A visão geral da classe maximizadora de valores a respeito desse trabalho – *Valor no Século XXI* – é significativa. Entre suas recomendações mais importantes estão padronizações de mensuração para mais de uma dúzia de valores não financeiros e a fórmula para uma nova métrica que monitore a geração de valor total, denominada valor interno bruto (VIB).

O estabelecimento de padrões de mensuração atrai mais empresas e até governos. O desenvolvimento dos valores é uma nova fronteira da infraestrutura. Quase uma em cada cinco empresas com fins lucrativos adota o duplo objetivo da rentabilidade e da geração de valor com base na sua missão. Muita coisa é só moda, mas muita coisa também é bastante real.

Os analistas de Wall Street estimam que o valor de mercado dessas empresas seja 20% menor que o de seus concorrentes que visam apenas o lucro. A análise da Sociedade Bentô, porém, conclui que, quando os valores não financeiros criados por essas empresas são levados em conta, as empresas com duplo propósito produzem significativamente mais valor. O valor não financeiro é um bom investimento financeiro.

Com pessoas, organizações, instituições e ferramentas cada vez mais alinhadas por trás desse novo senso de valor, o valor interno bruto inicia uma expansão tipo "taco de hóquei" em países do mundo todo. Através de uma expansão de perspectiva, um mundo de escassez se torna um mundo de abundância.

A espiral dos valores

Para que um futuro assim ocorra, todos nós temos um papel a desempenhar. Não apenas nós no futuro. Nós agora mesmo.

Cada um de nós é um condutor – e às vezes um transformador – de uma longa cadeia de ideias e valores que vai de um extremo do tempo ao outro. Quais valores continuam e quais mudam é algo que depende de cada um de nós.

O bentô mostra como isso funciona.

Eis aqui um bentô em que cada compartimento teve seu nome ligeiramente alterado para descrever de forma mais exata o que representa.

NÓS AGORA	NÓS FUTURO
Relacionamentos	Eu_2
Eu	Valores
EU AGORA	EU FUTURO

202   Um novo jeito de pensar o futuro

O Eu Agora foi chamado de Eu.

O Eu Futuro foi chamado de Valores, ou seja, as coisas que sempre são verdadeiras para você.

O Nós Agora foi chamado de Relacionamentos.

O Nós Futuro foi chamado de Eu_2, significando a próxima geração.

Este é o meu bentô. Para mim, o Eu_2 representa meu filho. Vamos ver o que acontece quando tentamos montar o bentô dele.

	NÓS FUTURO	
Relacionamentos	Eu_3	
NÓS AGORA	**NÓS FUTURO**	
Relacionamentos	Eu_2	Valores
Eu	Valores	
EU AGORA	**EU FUTURO**	

O bentô dele se estende diretamente a partir do meu. Meus Valores e Relacionamentos exercem influência direta sobre ele. Minha esposa e eu somos a força que o empurra por trás, e nossos valores são o alicerce embaixo dele. Ele se definirá e se descobrirá na vida, como todos nós nos definimos e nos descobrimos, mas somos uma força propulsora por trás e por baixo dele que forma quem ele é.

A classe maximizadora de valores   203

Idem quanto ao Eu_2 (meu filho) e Eu_3 (o filho dele, caso venha a ter um):

	Relacionamentos	Eu_4
Relacionamentos	Eu_3	Valores
NÓS AGORA	NÓS FUTURO	

Relacionamentos	Eu_2	Valores
Eu	Valores	
EU AGORA	EU FUTURO	

O que também significa que, voltando uma geração, os valores e os relacionamentos Eu_{-1} de meus pais exerceram a mesma influência sobre mim. Eles definiram uma base para a forma como avalio e vejo o mundo.

| | | Relacionamentos | Eu$_4$ | |
| | Relacionamentos | Eu$_3$ | Valores |

NÓS AGORA   NÓS FUTURO

Relacionamentos   Eu$_2$ Valores

Relacionamentos   Eu   Valores

EU AGORA   EU FUTURO

Eu$_{-1}$ Valores

Essa corrente prossegue. Valores e normas continuam passando de geração em geração. De um grupo de convidados da festa para o próximo. É assim que o jeito familiar continua sendo o jeito familiar. Que uma sociedade se mantém contínua. Chamo a força que transmite isso de "espiral dos valores".

A espiral dos valores é uma força natural impulsionada pelo tempo, que transmite nossos valores, nossos costumes e até nossos padrões ocultos através das gerações. As escolhas que coletiva e individualmente fazemos e as vidas que vivemos são arrastadas pela espiral dos valores e afetam diretamente os valores das gerações seguintes. A festa não para.

Espiral dos valores

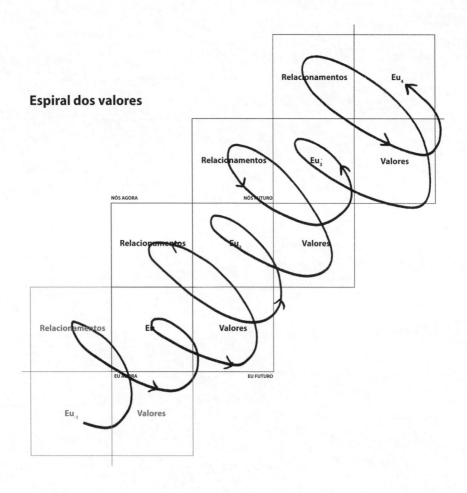

No século 18, o filósofo escocês David Hume tentou imaginar um mundo sem a influência geracional.

Para isso, ele propôs um universo onde os humanos vivessem como lagartas e borboletas. A geração atual (a lagarta) entraria num casulo e morreria. A geração seguinte (a borboleta) surgiria do casulo sem nenhuma interação com a geração anterior.

Hume deu a esse humano a capacidade de redesenhar o mundo cada vez que saísse do casulo. Que tipo de mundo seria esse? Faríamos escolhas mais inteligentes? Seria essa a melhor maneira de viver?

Não era. Os resultados, determinou ele, seriam um caos. Muita coisa mudaria com excessiva frequência. Sem continuidade, dificilmente haveria uma sociedade.

***

Apesar de todos os desafios que enfrentamos, estamos equipados com ferramentas profundas: a sabedoria coletiva e os valores transmitidos pelo trabalho árduo e pela experiência de nossos ancestrais; as instituições construídas pelas gerações anteriores; as tecnologias e habilidades que desenvolvemos.

Para tirar proveito dessas ferramentas, devemos cumprir nossas responsabilidades como seres humanos. Devemos estar conscientes do contínuo processo que mantém nossas culturas e valores vivos. Devemos estar vigilantes e conscientes de nosso papel. Cada um de nós tem um a desempenhar.

Nas áreas onde queremos que os valores mudem, devemos trabalhar para alterá-los. Eles não vão mudar sozinhos. Mas também precisamos ter as expectativas certas sobre o esforço necessário para isso. O fato de não vermos a linha de chegada enquanto estivermos vivos não significa que perdemos a corrida.

Nas áreas em que queremos que os valores permaneçam, devemos usar nossa energia para garantir que isso aconteça. Devemos expressar os valores que governam positivamente nossas famílias, comunidades, organizações e vidas. Não devemos considerá-los assegurados, nem deixar de mencioná-los quando surgirem debates a respeito do valor.

Às vezes, apesar de nossos esforços, os valores que amamos minguarão. Nesses momentos, devemos ser gratos por esse mesmo processo gradual de mudança. Todos precisamos de um tempo para lamentar o que passou e nos ajustar ao novo normal.

***

Um dia, em um futuro não muito distante, a maximização financeira será o valor em declínio. As anomalias no sistema irão se acumular. O momento da crise terá chegado.

Quais valores ascenderão em seu lugar? Vamos expandir nossa visão de valor? Vamos aprender a ver o interesse próprio de novas maneiras? Mudaremos do interesse próprio racional para a coerência racional?

No começo deste livro, talvez você tenha achado que essas metas não são realistas. Talvez ainda ache. Mas espero ter convencido você de que uma compreensão ampliada do valor pode aumentar muito nosso potencial. E que há todo um mundo de valor para cada um de nós desbloquear em nossas organizações e em nossa vida.

Há muitas paradas daqui até lá. O caminho é longo. Mas é como virar à esquerda. Você só precisa de um destino que valha a pena, e a determinação de chegar lá.

Agradecimentos

Este livro só foi possível graças à generosidade, ao apoio e à sabedoria de muita gente.

À minha mãe, Margie Sentelle, agradeço por me incutir um forte senso de valores e o amor pela leitura. Sou muito seu filho. Ao meu pai, C. G. Strickler, agradeço por ser um pai amoroso e sensível e por me dar o dom da música. Te amo muito. Ao meu padrasto, Tommy Sentelle, e à minha madrasta, Karen Strickler, obrigado por décadas de amor e apoio. Ao meu sogro, S. J. Kim, e à minha sogra, Coco Kim, obrigado por seu amor e carinho. Aos meus irmãos, Stephen Sentelle e Dylan Strickler; até que vocês são legais.

A Perry Chen e Charles Adler, obrigado por uma parceria que moldou minha vida para sempre. Este livro não teria existido sem as experiências que criamos e compartilhamos juntos. A todos no passado e presente do Kickstarter, obrigado por sua amizade, dedicação, pelas maneiras como vocês me ajudaram a crescer como pessoa e como líder, e por serem uma linda família de seres humanos.

Minha vida como escritor não teria acontecido sem o incentivo de muitos mentores. Isso começa com meus professores: a sra. Johnson e a sra. Wontrop, na Academia Cristã Dayspring, o sr. Swope, no Escola Giles, e Sam Kashner e Varun Begley, na Faculdade William & Mary. Obrigado a cada um de vocês por investirem em mim e me exporem a novas ideias. À minha primeira editora, Madelyn Rosenberg, então no *Roanoke Times & World-News*, obrigado pela complacência com o eu de 16 anos. A Ryan Schreiber, obrigado por me dar uma chance e por ter me convidado um dia para escrever na *Pitchfork*. A Ira Robbins, obrigado por ser meu mentor e amigo ao longo destes anos. A Chuck Eddy, obrigado por publicar a resenha não solicitada que lhe enviei no *Village Voice* e por me deixar continuar escrevendo para você depois. A Michael Azerrad, obrigado por fazer de mim o primeiro contratado na eMusic e por escrever *Come As You Are* e *Our Band Could Be Your Life*. A Fred Wilson, obrigado por sua mentoria como membro do conselho e pela clareza e honestidade de suas postagens diárias no blog *AVC*.

Agradeço a todas as pessoas com quem colaborei editorialmente ao longo dos anos, incluindo Joe Keyes, Alex Naidus, Jayson Greene, Michaelangelo Matos, Jocelyn Glei, Mark Mangan, Sascha Lewis, Anjuli Ayer, Nitsuh Abebe, Nick Sylvester, Willa Koerner, Cassie Marketos, Meaghan O'Connell, Mike McGregor, Brandon Stosuy, Brett Camper, Melissa Maerz, Rich Juzwiak, Joe Robinson, Michael Bryson, Spencer Kaufman, Chris Kaskie, Mark Richardson, Sean Fennessey, Tom Ewing, Andy Kellman, David Carr e Stanley Booth.

Tive a sorte de contar com a ajuda de muitos colaboradores ao escrever este livro.

Agradeço a Julie Wood, por me desafiar a escrever a palestra original da Web Summit e por ser um ser humano tão alegre. A Laurel Schwulst, por ser sempre um ótimo colaborador e por criar esse sopro de futuro comigo. A Tracy Ma, por estar entre os primeiros colaboradores da versão livro de arte desta obra, e por fazer uma referência útil posteriormente. A Miriam Garcia, por sua pesquisa incrivelmente detalhada para este projeto. Foi importante. A Evan Applegate, por fazer os gráficos do livro e por ser tão fácil de trabalhar com você. A Daniel Arnold, por ser uma pessoa tão bacana e por tirar minha foto de autor na manhã de meu quadragésimo aniversário. A John Sundman, por sua ajuda na checagem das informações e por seu segundo olhar sobre os tópicos mais espinhosos do livro, e a John Biggs, por nos apresentar.

A Zack Sears, por seus palpites sobre o design da capa. A James Miao, por publicar a palestra no Hacker News e por ajudar a espalhar as ideias iniciais. A Maris Kreizman e Shea Serrano, por seu conhecimento da indústria do livro e pelas recomendações de pessoas. A Robin Sloan, por recomendar *Age of Fracture*, que acabou levando ao bentoísmo. A Katinka Barysch, por sua sabedoria e por me encarar de forma expressiva quando o professor disse que o desenvolvimento da medicina redefiniu o que significava ser saudável. A Ken Tun, por ser meu primeiro patrocinador – o livro está a caminho. A Iris Bohnet, por me deixar apresentar uma versão inicial do livro em sua sala de aula, e a meus colegas de classe da YGL, por ouvirem tão generosamente. A Fred Benenson, por verificar meus cálculos. A Jason Kottke, por recomendar *O imperador de todos os males*, que embasou o trecho sobre saúde. A Christine Kantner, por ser uma grande amiga e vizinha e por me convidar para falar em seu salão literário. A Waris Ahluwalia, por sua amizade e pela generosidade com que ajudou a colocar estas ideias no mundo. A Noel Osheroff, por me convidar a escrever em sua casa. Nosso relacionamento de coworking é uma recordação querida.

Um pequeno punhado de primeiros leitores foi inestimável para manter o livro no caminho certo. Ao meu amigo Ian Hogarth: seu brilho e seus olhos atentos às tendências tiveram uma influência insuperável sobre este livro. Ao meu velho amigo Steve Eskay, agradeço por dar um feedback honesto e por ser tão encorajador em momentos de dúvida. A Tristram Stuart e Simon Smiles, agradeço por usarem seu tempo incrivelmente valioso para ajudar a melhorar este livro. Aos meus amigos Elisabeth Holm, Jason Butler, Rafael Rozendaal, Haden Polseno-Hensley e Justin Kazmark, por lerem os primeiros rascunhos. A Alex Taborrak, por estar disposto a compartilhar não só o que você gostava no livro, mas também o que detestava. A meus amigos Adam Curtis, Ian Rogers e Simon Russell, por dedicarem sua atenção e seu cérebro a estas ideias.

A Michael Walzer, o filósofo que escreveu *Esferas da justiça*, e Elizabeth Anderson, a filósofa que escreveu *Value in Ethics and Economics*, obrigado por suas ideias brilhantes. Espero que este livro dê um passo significativo para levá-las à consciência pública. A Robert Gibbs, agradeço pela paciência com minhas perguntas sobre a regra do "proibido virar à esquerda". A Jonathan Bowles, agradeço por compartilhar sua compreensão nuançada da cidade de Nova York e por todo o trabalho que você tem feito para ajudar a cidade ao longo dos anos (e agradeço a Eli Dvorkin por nos apresentar). A Kohei Nishida, agradeço por comprar muitos bentôs e por tirar a foto oficial do bentô. A Tim Rohan e Stan Connors, por me permitirem usar a foto do mullet (e parabéns por uma foto tão maravilhosa, Stan). A Adam Grant, pela incrível generosidade de seus conselhos e seu tempo. Obrigado a todos os autores maravilhosos que concordaram em ler o livro e compartilhar palavras gentis, e pelo que aprendi com seus próprios livros. Obrigado aos músicos Erlend Øye, Solange, Hailu Mergia, Pharoah Sanders, Alice Coltrane, Mulatu Astaske, Frank Ocean, Durutti Column, Future, Kurt Vile, J Dilla e Eugene McDaniels, cuja música me inspirou e me fez companhia enquanto meu cérebro girava. Agradeço ao Ideaspace por falar comigo durante todo esse processo, a Alan Moore por articular a existência do Ideaspace e a John Higgs por escrever tão brilhantemente a seu respeito no seu livro sobre o KLF.

Agradeço ao restante de minha família de Nova York, incluindo Kendel e Adam Shore, Bridget e Charles Best, Laurence Carty e Paola Antonelli, Lena Iwamura, Agnieszka Kurant, Michal Rosen, Anthony Volodkin, Josh Stylman, Peter Hershberg e Alan Del Rio Ortiz, CJ Anderson, Pete Fritz, Ed Coleman, Greg Costello, Maureen Hoban, Jamin Warren, Jess Phelps, Jesse Ball, Qanta Shimizu, Doug Sherrard e Liz Cook. Agradeço também a Jerry Colonna, Chad Dickerson, Patrick Collison, Ev Williams, Andy Baio, Sunny Bates, Tina Roth Eisenberg, Lance Ivy, Hope Hall, Jeff Hammerbacher, Tim O'Reilly, Jess Search, Jennifer Pahlka, Joi Ito, Karin Chien, Keri Putnam, Luis Von Ahn, Max Temkin, Deray McKeesson, Lawrence Lessig, Daryl Morey, Tyler Cowen e Thaniya Keerepart. À minha família do Echo Park, Trish e Tony Unruh, Lucien Unruh, Rohan Ali, Alexa Meade,

Anna Bulbrook e Sadye Henson, obrigado por fazerem nos sentirmos tão em casa. Ao 29 Palms Inn, obrigado por ser sempre um lugar de inspiração e consolo. À cidade de Nova York, ao Lower East Side e a Chinatown: este livro nunca teria acontecido sem a energia e inspiração de vocês. Nestas duas décadas, você me deram muito.

Ao meu agente, Daniel Greenberg, obrigado por acreditar em mim e ser cético comigo ao mesmo tempo. Seus padrões exigentes definiram um patamar inicial que eu deveria alcançar. À minha editora, Emily Wunderlich, obrigado por me dar uma chance, por conduzir este livro de maneira cuidadosa e suave, por sempre saber a maneira correta de fazer uma pergunta difícil, por garantir que este livro se tornasse tudo o que poderia ser e por sempre acreditar em mim. Que sorte a minha que o universo nos uniu.

Por fim, e mais importante, quero agradecer à minha espetacular esposa, Jamie Kim, e ao meu filho, Koji. Vocês dois são a luz da minha vida, minha inspiração diária, meu tudo absoluto. Jamie, durante todo este processo longo e desafiador você foi paciente, sempre disposta a ouvir, sempre ali para incentivar e me dizer que eu conseguiria, e sempre pronta com palavras de sabedoria. Seu amor é tudo. Eu te amo muito. E Koji, você é meu filho e meu herói. Olho para você agora, com apenas três anos, e vejo um menino sensível, carinhoso e brilhante, a ponto de me tirar o fôlego. Faz só três anos, e sinto que já estou ficando sem coisas para lhe ensinar. Mal posso esperar pelo dia em que você tenha idade suficiente para ler este livro e encontrar seu lugar no mundo. Já estou muito orgulhoso de qualquer coisa que você venha a fazer.

Esta lista, por mais longa que seja, deixa de fora muita gente que significou muita coisa. Tenho a sorte inacreditável de ter tanta gente maravilhosa fazendo a diferença na minha vida. A todos vocês, muito obrigado. E obrigado a você, leitor, por dedicar seu tempo e atenção a este livro. Sei como essas coisas são preciosas.

Paz e amor,

Yancey

Apêndice

Este é o tipo de seção que eu gostaria que tivesse sido incluído em todos os livros que amei. Aqui você encontra uma análise mais aprofundada das raízes filosóficas do bentoísmo, uma lista com sugestão de leituras e pensamentos ampliados sobre a teoria da mudança dos trinta anos.

As origens do bentoísmo

Há muito tempo acredito que nossa noção de valor é estreita demais. Lembro-me de ter lido há mais de uma década uma matéria na *Harper's Magazine* (que não consegui encontrar) sobre como o PIB era incapaz de classificar se o dinheiro havia sido gasto de maneira socialmente positiva ou negativa. Essa ideia me acompanhou. Como era possível que nossos sistemas de mensuração fossem tão amplos e tão obtusos?

Como cofundador e líder do Kickstarter, esses instintos se tornaram mais fortes. Tínhamos clareza sobre a importância do dinheiro: queríamos ser independentes, queríamos autonomia, e isso significava que precisávamos operar no azul. Mas também tínhamos clareza sobre como o dinheiro pode ser problemático. Como o desejo de crescer e enriquecer continuamente leva a pensar só no curto prazo e abandonar os valores.

Com o incentivo de uma colega do Kickstarter, Julie Wood, falei sobre maximização financeira na Web Summit, conforme contei no início do livro. Continuei a abordar o assunto em todas as palestras que dei como CEO desde então.

Em 2017, deixei o cargo de CEO do Kickstarter e comecei a pensar mais sobre o papel do valor financeiro *versus* outros valores. Qual era a história de nossa crença no valor financeiro? Por que estávamos tão certos de que só o dinheiro importava? Qual era a justificativa para essa crença? Por isso me enfiei em pesquisas e leituras, algumas das quais embasam a primeira metade deste livro.

Nas minhas leituras, encontrei muita informação sobre a história, a importância e os males do dinheiro. Mas tive dificuldades para encontrar explorações sobre o espaço de valor além do dinheiro da forma como eu estava pensando. Eu queria afirmar que o valor não financeiro era tão racional quanto o valor financeiro. Será que alguém já havia defendido isso antes?

Então um dia encontrei algo. Ao ler um livro fascinante chamado *Age of Fracture*, de Daniel Rodgers, me deparei com a menção a um movimento chamado comunitarismo, que adotava um conjunto mais amplo de valores. Aliás, um dos principais formuladores da teoria dos jogos na RAND Corporation (John Nash, personagem principal da cinebiografia *Uma mente brilhante*) mudou-se para uma comunidade comunitária na década de 1970. Interessado, continuei a mergulhar no assunto até encontrar um livro de Michael Walzer.

Walzer é professor-emérito de Ciências Sociais no Instituto de Estudos Avançados da Universidade de Princeton. Em 1983, ele escreveu *Esferas da justiça: uma defesa do pluralismo e da igualdade*. Foi nesse livro pouco conhecido que descobri uma noção diferente de valor.

Nosso problema, segundo Walzer, é o predomínio. O dinheiro – e outros valores do passado – predominam em esferas além das que lhes caberiam legitimamente. "Nascimento e sangue, riqueza fundiária, capital, educação, graça divina e poder do Estado já serviram para dominar ou permitir que um grupo dominasse outros", observa ele.

Por isso não conseguimos alcançar resultados ideais em muitas áreas da vida. O potencial de nosso mundo é injustamente afetado pelo domínio alheio. Walzer menciona os textos sobre tirania do polímata francês Blaise Pascal na coletânea *Pensamentos*, de 1670: "A natureza da tirania é desejar poder sobre o mundo inteiro e fora de sua própria esfera... [É] o desejo de poder universal além de seu escopo".

Prossegue Pascal:

> Há diferentes companhias – os fortes, os belos, os inteligentes, os piedosos –, e cada homem reina na sua própria, não em outra. Mas às vezes elas se encontram, então os fortes e os belos lutam pelo domínio – tolamente, porque suas dominações são de espécies diferentes. Eles não conseguem se entender e cometem o erro de almejarem cada um deles o domínio universal. Nada pode conquistar isso, nem mesmo a força, pois esta é impotente no reino dos sábios.

Somos um mundo de muitos senhores, não apenas um. Cada domínio é governado por valores e formas de avaliação legítimos.

A proposta de Walzer é limitar o impacto do dinheiro ou de qualquer outro valor dominante por meio de algo que ele chama de "igualdade complexa" e "igualitarismo político". O objetivo disso é "uma sociedade livre da dominação".

A sacada surpreendente de Walzer é que o domínio dentro de apenas uma esfera não é um problema. A justiça deveria ser dominante em áreas relacionadas à justiça. O amor deveria ser dominante nas áreas do coração. Cada valor tem seu próprio lugar de direito onde deve governar. Segundo Walzer, mesmo um monopólio comercial dentro de uma categoria pode ser aceitável. Esses monopólios e posições dominantes podem ser conquistados com justiça e para o benefício de todos.

O problema é quando eles mandam onde não deveriam. "Deveríamos nos concentrar na redução da dominação, e não, ou não principalmente, na ruptura ou restrição do monopólio", escreve Walzer.

"Considere o que significaria restringir a faixa dentro da qual os bens poderiam ser conversíveis a outras esferas." Prossegue ele:

> Imagine agora uma sociedade em que diferentes bens sociais sejam mantidos monopolisticamente – como de fato são e sempre serão, impedindo a intervenção estatal contínua –, mas na qual nenhum bem em particular seja venalmente conversível [...] A resistência à conversibilidade seria mantida, em grande parte, por homens e mulheres comuns, dentro de suas próprias esferas de competência e controle, sem uma ação estatal em grande escala.

É algo um pouco opaco, mas ele está nos pedindo que consideremos uma sociedade onde cada esfera tem suas próprias regras e critérios. O fato de você ter muito dinheiro não significa que você será bonito. A beleza é uma categoria totalmente diferente. Você não recebe uma por ter a outra. E isso é algo que as pessoas podem controlar por si mesmas através de seus valores e de como se aferram a eles.

Cada um de nós tem áreas em que nos destacamos; no entanto, isso não deveria nos dar direitos indevidos em áreas onde nossos talentos e méritos não os merecem. Walzer escreve:

> O cidadão X pode ser escolhido para um cargo público em detrimento do cidadão Y, então os dois serão desiguais na esfera da política. Mas eles não serão desiguais em geral, já que o cargo de X não lhe oferece vantagens sobre Y em nenhuma outra esfera – atendimento médico superior, acesso a melhores escolas para seus filhos, oportunidades empresariais e assim por diante.

A desigualdade financeira não importaria tanto se o dinheiro não fosse tão dominante. Ter muito dinheiro seria como ter muito papel higiênico. Bom para uma finalidade, mas não para tudo.

Do ponto de vista da igualdade complexa, não importa que você tenha um iate e eu não, ou que ela possua um aparelho de som muito superior ao dele. As pessoas se concentrarão nesses assuntos ou não: essa é uma questão de cultura, não de justiça. Contanto que iates e aparelhos de som e tapetes tenham apenas valor de uso e valor simbólico individualizado, sua distribuição desigual não importa.

A visão de Walzer é de um mundo sem dominação. Um mundo onde cada esfera da vida seja governada por seus próprios valores, não dominada por outras. Porque, como escreve Walzer, "somos todos criaturas produtoras de cultura cujos costumes têm significados, e qualquer tentativa de suplantá-los é tirânica".

A resposta não é que determinada ideia ou jeito floresça, e sim que todas as ideias e jeitos floresçam:

> Podemos imaginar a sociedade sendo governada por um rei hereditário, um déspota benevolente, uma aristocracia fundiária, um comitê executivo capitalista, um regime de burocratas ou uma vanguarda revolucionária. O argumento pela democracia é que diferentes companhias de homens e mulheres provavelmente serão respeitadas se todos os membros de todas as companhias compartilharem o poder político.

Achamos isso difícil de aceitar por termos sido alimentados com os mitos dos Grandes Homens. Walzer novamente:

> Ouvimos histórias sobre o herói de guerra que virou um empresário que virou um orador perfeito. Essas histórias são ficções, a conversão de dinheiro, poder ou talento acadêmico em fama lendária. Mesmo que existam, não há pessoas assim em número suficiente para criar uma classe dominante. Em geral, os políticos, empreendedores, cientistas, soldados e amantes mais bem-sucedidos serão pessoas diferentes. Desde que os bens que eles possuam não tragam outros bens atrelados a si, não temos motivos para temer suas realizações.

Ler Walzer abriu minha mente. Fiquei pensando na noção de que cada valor tem um domínio legítimo. Se isso for verdade, como saber em que domínio estamos? Como saber os valores em jogo?

Um ano depois, me deparei com um segundo livro que transformou meu pensamento: um livro de 1993 chamado *Value in Ethics and Economics*, da filósofa Elizabeth Anderson. Professora da Universidade de Michigan, ela apoia e desenvolve a ideia de Walzer de uma noção pluralista de valor. Segundo ela:

> Não reagimos meramente com desejo ou prazer àquilo que valorizamos, mas também com amor, admiração, honra, respeito, carinho e reverência. Isso nos permite ver como os bens podem ser plurais, como eles podem diferir em espécie ou qualidade: eles diferem não apenas em *quanto* deveríamos valorizá-los, mas em *como* deveríamos valorizá-los [...] A variedade de maneiras de se importar com as coisas é a fonte do pluralismo na minha teoria do valor.

Por outro lado, Anderson diz que nossa maneira de fazer as coisas, guiada pelo dinheiro, nos convence de que "nos importamos com coisas que não são realmente importantes, que justificamos nossas ações para coisas nas quais não acreditamos realmente. E que, agindo assim, se criará riqueza material. E daí que isso não é adequado ao seu caráter? É o preço que pagamos". Segundo ela, "isso não nos dá uma base coerente para a autocompreensão e exige divisões perturbadoras entre os diferentes aspectos do eu".

Prossegue ela:

> Há uma grande diversidade de ideais que valem a pena, sendo que nem todos podem ser combinados em uma só vida. Diferentes ideais podem exigir o cultivo de virtudes incompatíveis ou a busca de alguns projetos que necessariamente excluem a busca por outros. Indivíduos com diferentes talentos, temperamentos, interesses, oportunidades e

relações com os outros racionalmente adotam ou sustentam ideais diferentes. Como os ideais direcionam a pessoa a valorizar especialmente alguns projetos, pessoas e coisas que valem a pena em detrimento de outros, ela distingue entre todos os bens aqueles que são particularmente importantes para o indivíduo. O fato de ideais incompatíveis serem adotados adequadamente por pessoas diferentes explica por que não faz sentido que todos adotem as mesmas atitudes em relação às mesmas coisas. Há muito mais objetos de avaliação potencialmente válidos do que poderiam ocupar as preocupações de uma pessoa qualquer.

Ao abraçar uma visão pluralista do valor, que chama de "valor expressivo", Anderson introduz um crucial novo passo: "Essa abordagem, em vez de determinar qual opção maximizará seu resultado ideal, diz que o primeiro passo é ver em qual moldura isso se encaixa e quais são as normas expressivas corretas e as respostas práticas a serem adotadas".

Ao fazermos isso, podemos criar mais alinhamento entre nossos valores e nós mesmos.

"As teorias expressivas fornecem uma base coerente para a autocompreensão, dando conta da unidade do eu e dando sentido a intuições comuns sobre valor intrínseco e normas adequadas de comportamento e sentimento", escreve ela.

Tomamos decisões com base em quem somos e onde estamos, e no que as normas ao nosso redor sugerem ser a forma certa ou errada de agir. E isso geralmente é bom. É assim que as comunidades e as pessoas são diferentes, e como as pessoas são capazes de conviver de maneira coesa. É essa energia – sutil e profunda – que a maximização financeira sufocou.

As ideias de Walzer e Anderson continuavam girando na minha cabeça. Então, um dia, eu estava rabiscando qualquer coisa no papel quando tive meu momento eureca, ao desenhar um gráfico tipo "taco de hóquei" e observar o grande território desconhecido de interesse próprio que estava além dele. Pensei naquele outro espaço que nunca havia considerado antes. Estendi os eixos do gráfico e desenhei linhas pontilhadas para delinear quatro quadrantes, exatamente como faço no livro.

Ao lado desse esboço, anotei uma descrição do que havia desenhado. "Beyond Near-Term Orientation" [Orientação além do curto prazo], escrevi. Era isso que o gráfico fazia. Ele nos levava além de nossa orientação de curto prazo.

Olhei de novo. *BEyond Near-Term Orientation*.

BENTO. A imagem era um bentô.

Para mais informações sobre o bentoísmo, incluindo um processo guiado [em inglês] para construir seu próprio bentô, visite <https://www.ystrickler.com/bento>.

Para ler

Os livros a seguir influenciaram este texto e são recomendados.

Bentoísmo

ANDERSON, Elizabeth. *Value in Ethics and Economics*. 2. ed. Cambridge, MA: Harvard University Press, 1995.

WALZER, Michael. *Spheres of Justice*: *A Defense of Pluralism and Equality*. Nova York: Basic Books, 1983. [Ed. bras.: *Esferas da justiça*: *uma defesa do pluralismo e da igualdade*. São Paulo: Martins Fontes, 2003.]

Como as ideias funcionam

HARARI, Yuval Noah. *Sapiens*: *A Brief History of Humankind*. Londres: Vintage Digital, 2014. [Ed. bras.: *Sapiens*: *uma breve história da humanidade*. Porto Alegre: L&PM, 2018.]

HIGGS, John. *The KLF*: *Chaos, Magic, and the Band Who Burned a Million Pounds*. Londres: Phoenix, 2013. [*ebook*.]

_____. *Stranger than We Can Imagine*: *An Alternative History of the 20th Century*. Berkeley: Soft Skull Press, 2015.

Kuhn, Thomas. *The Structure of Scientific Revolutions*. 4. ed. Chicago: University of Chicago Press, 2012. [Ed. bras.: *A estrutura das revoluções científicas*. 13. ed. São Paulo: Perspectiva, 2018.]

Rodgers, Daniel. *Age of Fracture*. Cambridge, MA: Belknap Press, 2012.

Young, J. Z. *Doubt and Certainty in Science*: *A Biologist's Reflections on the Brain*. Nova York: Oxford University Press, 1960.

Economia

Bregman, Rutger. *Utopia for Realists*: *How We Can Build the Ideal World*. Nova York: Bloomsbury, 2017. [Ed. bras.: *Utopia para realistas*: *como construir um mundo melhor*. Rio de Janeiro: Sextante, 2018.]

Graeber, David. *Debt*: *The First 5,000 Years*. Brooklin, NY: Melville House, 2014. [Ed. bras.: *Dívida*: *os primeiros 5.000 anos*. São Paulo: Três Estrelas, 2016.]

Lowrey, Annie. *Give People Money*: *How a Universal Basic Income Would End Poverty, Revolutionize Work, and Remake the World*. Nova York: Crown, 2018.

Mazzucato, Mariana. *The Entrepreneurial State*: *Debunking Public vs. Private Sector Myths*. Nova York: PublicAffairs, 2015. [Ed. bras.: *O Estado empreendedor*: *desmascarando o mito do setor público vs. setor privado*. São Paulo: Portfolio-Penguin, 2014.]

_____. *The Value of Everything*: *Making and Taking in the Global Economy*. Nova York: PublicAffairs, 2018. [Ed. port.: *O valor de tudo*: *fazer e tirar na economia global*. Lisboa: Temas e Debates, 2019.]

Perez, Carlota. *Technological Revolutions and Financial Capital*: *The Dynamics of Bubbles and Golden Ages*. Cheltenham, UK: Edward Elgar, 2003.

PICKETTY, Thomas. *Capital in the Twenty-First Century*. Cambridge, MA: Belknap Press, 2017. [Ed. bras.: *O capital do século XXI*. Rio de Janeiro: Intrínseca, 2014.]

SCHUMACHER, Ernest F. *Small Is Beautiful: Economics as if People Mattered*. Nova York: Harper, 2010. [Ed. bras.: *O negócio é ser pequeno: um estudo de economia que leva em conta as pessoas*. Rio de Janeiro: Zahar, 1983.]

STIGLITZ, Joseph; SEN, Amartya e FITOUSSI, Jean-Paul. *Mismeasuring Our Lives: Why GDP Doesn't Add Up*. Nova York: New Press, 2010.

Negócios

CHOUINARD, Yvon. *Let my People Go Surfing: The Education of a Reluctant Businessman*. Nova York: Penguin Press, 2005. [Ed. bras.: *Lições de um empresário rebelde*. São Paulo: WMF Martins Fontes, 2015.]

KNIGHT, Phil. *Shoe Dog: A Memoir by the Creator of Nike*. Nova York: Simon & Schuster, 2016. [Ed. bras.: *A marca da vitória: a autobiografia do criador da Nike*. Rio de Janeiro: Sextante, 2016.]

LEWIS, Michael. *Liar's Poker: Rising through the Wreckage on Wall Street*. 25. ed. Nova York: W. W. Norton & Company, 2014. [Ed. bras.: *O jogo da mentira*. Rio de Janeiro: Best Seller, 2012.]

MATSUSHITA, Konosuke. *Not for Bread Alone: A Business Ethos, a Management Ethic*. Tóquio: PHP Institute, 1984. [Ed. bras.: *Não vivemos somente pelo pão*. Tóquio: PHP Institute, 1988.]

PINK, Daniel H. *Drive: The Surprising Truth about what Motivate Us*. Nova York: Riverhead Books, 2009. [Ed. bras.: *Motivação 3.0: a surpreendente verdade sobre o que realmente nos motiva*. Rio de Janeiro: Sextante, 2019.]

Movimento Fire

MARTENSON, Chris e TAGGART, Adam. *Prosper! How to Prepare for the Future and Create a World Worth Inheriting*. Scottsdale: RDS Press, 2015.

Medicina

MUKHERJEE, Siddhartha. *The Emperor of all Maladies*: *A Biography of Cancer*. Londres: Fourth Estate, 2011. [Ed. bras.: *O imperador de todos os males*: *uma biografia do câncer*. São Paulo: Companhia das Letras, 2012.]

WOOTTON, David. *Bad Medicine*: *Doctors Doing Harm Since Hippocrates*. Oxford: Oxford University Press, 2006.

Para assistir

Recomendo os filmes *The Trap* [*A armadilha*], *The Century of Self* [*O século do ego*] e *Hyper.Normalisation*, todos de Adam Curtis

Notas

Introdução

9 **a capa do *China Daily*:** Manchete publicada em 27 out. 2017.

12 **uma sociedade saudável:** O monólogo de Tucker Carlson foi ao ar em 3 jan. 2019, na Fox News.

13 **uma pesquisa de 2014 do Instituto de Política de Harvard:** A pesquisa do Instituto de Política de Harvard sobre os jovens e o capitalismo foi publicada na revista *Time* ("American Capitalism's Great Crisis", 11 maio 2014).

Capítulo 1: Uma ideia simples

21 **baseadas no Kickstarter:** Antes do lançamento do Kickstarter, os artistas Marillion e Jill Sobule, assim como as plataformas ArtistShare, DonorsChoose, Fundable, Indiegogo e Sellaband, já haviam feito crowdfunding ou coisa semelhante.

23 **"Parecia a coisa certa a se fazer":** A história do *high five* saiu na *ESPN The Magazine* ("History of the High Five", 8 ago. 2011).

24 **também conseguiriam:** Minha palestra na Web Summit está no YouTube sob o título "Resist and Thrive – Yancey Strickler, Co-Founder of Kickstarter"

25 **o termo crowdfunding:** A palavra "crowdfunding" [mistura de *crowd* = multidão + *funding* = financiamento] foi cunhada pelo jornalista Jeff Howe em 2006. O Kickstarter nunca a adotou, mas parece que veio para ficar.

26 **os termos e o produto:** A postagem de blog "Por que o Kickstarter?" saiu em 29 abr. 2009.

28 **queria comprar o primeiro exemplar:** O birmanês que me deu os primeiros 20 dólares foi Ken Tun. Obrigado, Ken!

28 **10 bilhões de pessoas até 2050:** As projeções populacionais provêm do relatório Perspectivas Populacionais Mundiais, da ONU.

29 **sua experiência de usuário suprema:** As últimas palavras de Steve Jobs foram relatadas por sua irmã, Mona Simpson ("A Sister's Eulogy for Steve Jobs", *The New York Times*, 30 out. 2011).

29 **dez anos na vida útil de nossa espécie:** Esse ponto de vista de Will MacAskill sobre a idade da humanidade vem de uma palestra TED de 2018 intitulada "What Are the Most Important Moral Problems of our Time?". MacAskill também é cofundador de um movimento chamado altruísmo eficaz, que busca maximizar o impacto altruísta que as pessoas criam em suas vidas.

Capítulo 2: Proibido virar à esquerda

31 **do mundo do planejamento de varejo:** Topei com a regra do "proibido virar à esquerda" após ler sobre Robert Gibbs, um planejador do varejo urbano, numa reportagem da *The Atlantic* em 1994. Gibbs dizia ao repórter que "o assessor de tráfego é quem tem total influência [...] Ele vetou tantos lugares que foi chamado de O Exterminador". Gibbs também escreveu sobre isso em seu livro *Principles of Urban Retail Planning and Development* (2012). Bob Gibbs teve a gentileza de conversar comigo. Perguntei se a regra do "proibido virar à esquerda" segue firme e forte. Ele me assegurou que ainda hoje ela continua a orientar o local onde shoppings e lojas devem ser construídos.

32 **escreveu o professor Cass Sunstein:** Em seu livro *Nudge*: *Improving Decisions about Health, Wealth and Happiness* (Londres: Penguin, 2008) [ed. bras.: *Nudge: o empurrão para a escolha certa*. Rio de Janeiro: Elsevier, 2009], com Richard Thaler, Cass Sunstein escreveu sobre as linhas brancas nos estacionamentos como uma espécie de padrão oculto predeterminado.

33 **todos em princípio são considerados não doadores:** Os dados sobre as taxas de doação de órgãos provêm de um estudo de 2004, "Defaults and Donation Decisions", de Eric J. Johnson e Daniel G. Goldstein.

33 **mas continuar pagando:** Os dados sobre a assiduidade dos frequentadores de academias saíram no *USA Today* ("Is Your Gym Membership a Good Investment?", 27 abr. 2016).

33 **continuar recebendo spam:** Os dados sobre as taxas de cancelamento de recebimento de e-mails são do provedor de serviços de e-mail MailChimp ("Email Marketing Benchmarks", mar. 2018, disponível em: <https://mailchimp.com/resources/email-marketing-benchmarks>).

34 **taxa de aprovação pública do Congresso superposta:** Os dados sobre as taxas de aprovação e reeleição do Congresso são do Center for Responsive Politics [Centro para a Política Reativa].

35 **"O que é água?":** A história contada por David Foster Wallace é parafraseada a partir de uma palestra que ele proferiu no Kenyon College, intitulada "This Is Water".

36 **mudará nosso comportamento:** O trabalho de Daniel Kahneman e Amos Tversky é apresentado no livro *Thinking, Fast and Slow* (Nova York: Farrar, Straus and Giroux, 2011) [ed. bras.: *Rápido e devagar: duas formas de pensar*. Rio de Janeiro: Objetiva, 2012].

36 **a forma como pensamos:** Dan Ariely escreve sobre o efeito de nossas emoções sobre nossas decisões em seu livro *Predictably Irrrational: The Hidden Forces that Shape our Decisions* (Nova York:

Harper, 2008) [ed. bras.: *Previsivelmente irracional: como as situações do dia a dia influenciam as nossas decisões*. Rio de Janeiro: Elsevier; Campus, 2008].

36 **62% das falências pessoais:** 62% das falências pessoais nos EUA são causadas por faturas médicas, segundo um relatório de 2009 publicado na *American Journal of Medicine* ("Medical Bankruptcy in the United States, 2007: Results of a National Study", de David U. Himmelstein, Deborah Thorne, Elizabeth Warren e Steffie Woolhandler).

36 **obtêm lucros cada vez maiores:** Exemplos de medicamentos cujos preços foram aumentados pelas empresas incluem EpiPen, insulina (dos três principais fabricantes) e Daraprim.

37 **não os trabalhadores ou o futuro:** Dados sobre mais dinheiro sendo gasto na recompra de ações do que em pesquisa e desenvolvimento em 2018 vêm de uma reportagem da CNBC ("Capital Expenditures Surge to 25-Year High, R&D Jumps 14% as Companies Spend Tax Cut Riches Freely", 17 set. 2018).

42 **modelo de comportamento racional:** Como visto em *The Compleat Strategyst: Being a Primer on the Theory of Games of Strategy*, de J. D. Williams.

42 **resultado ideal do jogo:** A história das secretárias da RAND Corporation provém de *Life Inc.: How Corporatism Conquered the World, and How We Can Take It Back*, de Douglas Rushkoff, e do documentário *The Trap* [*A armadilha*], dirigido por Adam Curtis para a BBC.

42 **a atitude mais racional:** A teoria dos jogos não estava literalmente sugerindo que as pessoas deveriam entregar seus amigos à polícia. Essas estratégias eram racionais *ao jogar dentro dos parâmetros do jogo*. Os problemas surgiram quando outros passaram a agir como se o mundo real fosse um desses jogos.

45 **a importância dessas dicas de como jogar:** O estudo sobre a influência dos nomes no Jogo de Wall Street e no Jogo da

Comunidade constam em um estudo de Varda Liberman, Steven M. Samuels e Lee Ross intitulado "The Name of the Game: Predictive Power of Reputations versus Situational Labels in Determining Prisoner's Dilemma Game Moves".

Capítulo 3: Por que tudo é igual

47 **parada de músicas country:** Eu soube do fenômeno de "Body Like a Back Road", de Sam Hunt, através de um e-mail do jornalista Jesse Rifkin publicado no blog *Marginal Revolution* em 22 set. 2017, disponível em: <https://marginalrevolution. com/marginalrevolution/2017/09/slow-turnover-songs-movies. html>.

49 **"julgamento das emissoras":** De um artigo de Rachel M. Stilwell intitulado "Which Public – Whose Interest – How the FCC's Deregulation of Radio Station Ownership Has Harmed the Public Interest, and How We Can Escape from the Swamp", publicado em 2006 na *Loyola of Los Angeles Entertainment Law Review* (p. 385).

49 **dez anos antes:** A história da mudança no rádio veio de várias fontes, incluindo o *Los Angeles Times* ("Clear Channel's Dominance Obscures Promotions Conduit", de Jeff Leeds, em 2001); um relatório de 2006 da organização sem fins lucrativos Future of Music Coalition, intitulado "False Premises, False Promises: A Quantitative History of Ownership Consolidation in the Radio Industry"; o supramencionado artigo de Rachel M. Stilwell, "Which Public – Whose Interest – How the FCC's Deregulation of Radio Station Ownership Has Harmed the Public Interest, and How We Can Escape from the Swamp"; e uma reportagem do *Monterey County Now* ("In an Era of Consolidation, the Future of Radio Is Uncertain", 1º set. de 2016).

49 **músicas que tocavam:** De acordo com "False Premises, False Promises: A Quantitative History of Ownership Consolidation in

the Radio Industry", estudo de 2006 de Peter DiCola, da Future of Music Coalition.

50 **dez principais bilheterias de todos os anos desde 1950:** Os dados sobre o número de sequências, *prequels*, *reboots* e *remakes* que aparecem entre as dez maiores bilheterias de cada ano vêm de uma análise da pesquisadora Miriam Garcia para este livro.

51 *remakes*, **sequências ou adaptações:** Essa estatística vem de Stephen Follows, pesquisador de dados da indústria cinematográfica, em uma postagem de blog feita em 8 jun. 2015, sob o título: "How Original Are Hollywood Movies?", disponível em: <https://stephenfollows.com/how-original-are-hollywood-movies>.

51 **participações significativas em estúdios de cinema:** As informações básicas sobre a consolidação corporativa e cinematográfica provêm de uma pesquisa do historiador do cinema Tim Dirks em "The History of Film: The 1980s", disponível em: <https://www.filmsite.org/80sintro.html>.

51 **disse um especialista do setor à ABC:** A frase sobre a segurança de produzir sequências é de Anita Busch, editora de cinema da *Deadline*, falando à *ABC News* ("What's Driving the Resurgence of Reboots, Remakes, and Revivals in TV and Film", maio 2017).

52 **a diversidade de ideias diminuiu:** As informações sobre a história das sequências cinematográficas provêm de Stuart Henderson, autor de *The Hollywood Sequel: History and Form, 1911--2010* (Londres: British Film Institute, 2014).

53 **461 a mais que uma década antes:** Os dados sobre a proliferação das agências bancárias saíram no *The Wall Street Journal* ("All those Banks in New York City? It's our Fault", 6 jun. 2014).

54 **não eram bem-vindos:** citado no obituário de Hank publicado no *The New York Times* em 2015, a partir de um comentário que ele havia feito a um repórter do *New York Observer* em 2005.

54 **3.500 dólares por mês:** Os dados históricos sobre o custo de locação em Nova York provêm de um levantamento feito pelo

avaliador imobiliário nova-iorquino Jonathan Miller e publicado na revista de uma imobiliária de Nova York ("Change Is the Constant in a Century of New York City Real Estate", revista *Elliman*) e posteriormente publicado pelo *The New York Times* ("In an Earlier Time of Boom and Bust, Rentals also Gained Favor", 17 out. 2011).

55   **21.000 dólares por mês:** O caso de uma lavanderia cujo aluguel subiu de 7.000 dólares para 21.000 dólares saiu na *Harper's Magazine* ("The Death of a Once Great City", jul. 2018).

56   **agências bancárias só em Manhattan:** Todas as estatísticas deste parágrafo provêm do relatório "State of the Chains, 2017", do Center for an Urban Future [Centro para um Futuro Urbano].

56   **homem que inventou as cuecas boxer:** John Varvatos é o inventor da cueca boxer e dono da butique que hoje ocupa o antigo CBGB.

56   **redes comerciais de toda a cidade:** As informações sobre a expansão das redes em Nova York provêm do estudo "State of the Chains", realizado anualmente desde 2008 por iniciativa do Center for an Urban Future [Centro para um Futuro Urbano], uma organização sem fins lucrativos. A estatística de que o Lower East Side tinha mais redes comerciais (empatado com Koreatown) vem do relatório "State of the Chains, 2017". Conversei com o diretor do Center for an Urban Future, Jonathan Bowles, cujas explicações sobre as mudanças na cidade servem de base a partes deste texto. Embora não seja uma fonte direta, o blog e o livro *Vanishing New York*, de Jeremiah Moss, também são pontos de vista poderosos sobre o que vem acontecendo com Nova York.

58   **depreciação acelerada:** Informações sobre a ascensão do shopping center e a história da depreciação tributária provêm do estudo intitulado "U.S. Tax Policy and the Shopping-Center Boom of the 1950s and 1960s", do historiador Thomas Hanchett,

publicado em 1996 pela American Historical Association [Associação Americana de História]. Encontrei esse estudo ao vê-lo citado em um artigo de Malcolm Gladwell para a *New Yorker* sobre a história do shopping ("The Terrazzo Jungle", 15 mar. 2004).

58 **"adiamento permanente dos impostos":** O estudo "Depreciation and the 1954 Internal Revenue Code", publicado em 1955 pelo economista William Hellmuth Jr., do Federal Reserve, dizia que a alteração do código tributário representava um "adiamento permanente de impostos".

58 *Wall Street Journal* **em 1961:** "Profits in Losses", *The Wall Street Journal*, 17 jul. 1961.

59 **centros das cidades caiu 77%:** Os dados sobre o declínio da atividade varejista nos centros urbanos vêm do livro de Robert Gibbs já mencionado anteriormente, *Principles of Urban Retail Planning and Development* (Nova York: Wiley, 2012). O livro observa que, "em uma só geração, o shopping refez mais de 400 anos de construção das cidades americanas". Ele também comenta que "em grande medida, a forma segue o [preço do] aluguel".

59 **das empresas locais já existentes:** referente a um estudo de 1996 intitulado "What Happened when Wal-Mart Came to Town? A Report on Three Iowa Communities with a Statistical Analysis of Seven Iowa Counties", de Thomas Muller e Elizabeth Humstone, para o Fundo Nacional de Preservação Histórica.

59 **12 mil outras lojas:** referente a um artigo do Center for Economic Studies [Centro de Estudos Econômicos] intitulado "The Evolution of National Retail Chains: How We Got Here", publicado em 2015. Esse trabalho também forneceu informações sobre o crescimento, a escala e as operações das redes.

59 **de cada dólar para a comunidade local:** De acordo com o "Andersonville Study of Retail Economics", da Civic Economics (2004), 68 dólares de cada 100 dólares gastos em um comércio local eram redistribuídos localmente, contra 43 dólares no caso dos gastos em uma rede.

60 **igualmente maior de pessoas também empreendia:** Isso vem do "Kauffman Index" [Índice Kauffman], da Kauffman Foundation, que analisa as taxas de empreendedorismo nos Estados Unidos. Esses dados especificamente vêm do "Startup Density" Index [índice de Densidade de Startups]. As estatísticas sobre o declínio do número de fumantes vêm da pesquisa anual do Gallup sobre tabagismo desde a década de 1940. Em 1977, 38% dos americanos disseram ao Gallup que fumavam. Em 2015, 19% dos americanos responderam assim.

60 **abrir um negócio:** referente à "2018 UPS Stores' Inside Small Business Survey" [Pesquisa por dentro dos pequenos negócios 2018, da UPS Stores], conforme noticiado pelo *USA Today* ("Survey: Twothirds of Americans Dream of Opening a Small Business", 4 maio 2018).

61 **continua subindo:** As informações sobre o crescimento das redes vêm de um estudo chamado "Supersize It: The Growth of Retail Chains and the Rise of the 'Big Box' Retail Format", de autoria de dois funcionários do Departamento do Censo, com base em quarenta anos de dados do censo americano sobre o tamanho e a expansão das empresas. O artigo, publicado em 2012 no *Journal of Economics and Management Strategy*, observa que, "até o final da década de 1970, mais de metade de todo o dinheiro do consumidor era gasto em comércios com uma só loja; [em 2012] mais de 60% dos dólares de consumo são gastos em uma rede de lojas, o dobro da parcela de 1954". Esses mesmos funcionários do Censo escreveram outro artigo usado como fonte, chamado "The Evolution of National Retail Chains: How We Got Here", para o Centro de Estudos Econômicos do Departamento do Censo.

61 **as taxas de empreendedorismo estão em declínio:** As notícias sobre a redução nos índices de startups tecnológicas constam em um artigo do Departamento Nacional de Pesquisas Econômicas dos Estados Unidos, "Changing Business Dynamism and Productivity: Shocks vs Responsiveness" (2018), de Ryan Decker, John Haltiwanger, Ron Jarmin e Javier Miranda.

62 **shoppings nos Estados Unidos serão fechados:** relatório de 2018 do Credit Suisse ("Traditional Stores Are Doomed", 18 abr.2018).

62 **"ver o Titanic naufragar":** Da revista *Time* ("Why the Death of Malls Is About More Than Shopping", 20 jul. 2017).

Capítulo 4: A economia do mullet

65 **resíduos sólidos do país eram reciclados:** Os dados sobre os índices de reciclagem vêm da planilha mais recente da Agência de Proteção Ambiental, de 2015.

66 **muito sujo ou não ser reciclável:** Os dados sobre a mudança na reciclagem do *multistream* para o sistema de fluxo único provêm da *Scientific American* ("Single Stream Recycling", set. 2013). Outras informações saíram da *Wired* ("Listen Up America: You Need to Learn How to Recycle. Again", 21 ago. 2015).

66 **"transformado em outro produto":** do Container Recycling Institute [Instituto de Reciclagem de Embalagens] ("Understanding Economic and Environmental Impacts of Single-Stream Collection Systems", 2009).

66 **havia sido descartado:** As informações sobre as novas regras chinesas para a reciclagem foram publicadas no *The Wall Street Journal* ("A Mid Trade Feud, Recycling Is in Danger of Landing on Trash Pile", 12 abr. 2018).

66 **mais o que fazer:** Relatos de que instalações de lixo fora de Filadélfia eram suspeitas de queimar seu material reciclável saíram no *The Guardian* ("'Moment of Reckoning': US Cities Burn Recyclables after China Bans Imports", fev. 2019).

67 **"piores inimigos de nós mesmos":** Conforme noticiado no *The Wall Street Journal* ("Recycling, once Embraced by Businesses and Environmentalists, Now Under Siege", 13 maio 2018).

67   **defendia a maximização financeira:** O artigo de Milton Friedman no *The New York Times* se intitulava "The Social Responsibility of Business Is to Increase its Profits" e foi publicado em 13 set. 1970.

68   **único objetivo: maximizar a lucratividade:** A base histórica do que chamo de classe maximizadora vem de várias fontes. A mais importante delas é a análise dos economistas William Lazonick e Mary O'Sullivan. Em um artigo chamado "Maximizing Shareholder Value: A New Ideology for Corporate Governance", publicado em 2010 na revista *Economy and Society*, Lazonick e O'Sullivan detalham a história do que chamo de maximização financeira. A pesquisa deles constatou que, antes da década de 1970, quando essa nova ideia surgiu, as empresas seguiam um modelo de "reter e reinvestir", em que os lucros eram transformados em serviços, produtos, aumentos salariais e treinamento para os funcionários. A partir da década de 1970, no entanto, as empresas migraram para uma estratégia chamada de "reduzir e desinvestir", que consistia em forças de trabalho menores e bônus maiores para executivos e acionistas. As práticas que eles descrevem são as ações que atribuo à classe maximizadora.

69   **"na história moderna":** Extraído do livro *The Firm: The Story of McKinsey and its Secret Influence on American Business* (Nova York: Simon & Schuster, 2014) [ed. bras.: *Nos bastidores da McKinsey: a história e a influência da consultoria mais admirada do mundo*. São Paulo: Saraiva, 2014], de Duff McDonald.

71   **cresceu apenas 9,2%:** A série histórica dos valores de remuneração provêm de "The Productivity-Pay Gap", uma análise do Economic Policy Institute [Instituto de Política Econômica] publicada em 2018 com base em dados do Departamento de Estatísticas do Trabalho dos Estados Unidos].

71   **27% entre 1979 e 2016:** Segundo um relatório de pesquisa do Economic Policy Institute, intitulado "CEO Compensation Surged in 2017".

72 **ver o que aconteceu:** Os dados sobre créditos em aberto nos Estados Unidos provêm de "Federal Reserve's Consumer Credit Outstanding (Levels) 1943-2018" e dos dados do Departamento do Censo dos EUA discriminados por tipo de domicílio.

74 **tendem a se valorizar:** A base histórica da recompra de ações vem de um artigo de 2010 do economista William Lazonick, da Brookings Institution, "Stock Buybacks: From Retain-and Reinvest to Downsize-and-Distribute", e do artigo "From Innovation to Financialization: How Shareholder Value Ideology Is Destroying the US Economy", publicado em 2011 na coleção *The Handbook of the Political Economy of Financial Crises*, da Oxford University Press. Informações adicionais vieram de "Stock Buybacks: Misunderstood, Misanalyzed, and Misdiagnosed", de Aswath Damodaran, da Associação Americana de Investidores Individuais, e dos dados de um relatório de pesquisa do analista Stuart Kaiser, do Goldman Sachs.

75 **"investidores como um todo":** A reportagem da *Fortune* que primeiramente destacou as recompras intitulava-se "Beating the Market by Buying Back Stock", de Carol J. Loomis, publicada em 29 abr. 1985.

76 **gastaram na recompra de ações:** Os dados sobre dinheiro gasto em recompras em comparação a outros investimentos são da Deloitte ("Decoding Corporate Share Buybacks: Is it at the Cost of Investment?", nov. 2017).

77 **"presença e influência":** *Financial Times* ("China Is Winning the Global Tech Race", 17 jun. 2018).

77 **trabalhadores ser demitidos:** Segundo o *The New York Times* ("Layoff Rate at 8.7%, Highest Since 80's", 2 ago. 2004).

78 **6,6 bilhões de dólares na recompra de ações:** *The New York Times* ("In Yahoo, Another Example of the Buyback Mirage", 25 mar. 2016).

78 **mais de 6 bilhões de dólares:** CNN ("How Sears Wasted $6 Billion That Could Have Kept It Out of Bankruptcy", 30 out. 2018).

78 **apenas 8% das ações:** NPR ("While Trump Touts Stock Market, Many Americans Are Left Out of the Conversation", 1º mar. 2017).

79 **"não na minha empresa":** baseado em relato da Axios ("Forget about Broad-Based Pay Raises, Executives Say", 27 maio 2018) no evento "Technology-Enable Disruption: Implications for Business, Labor Markets, and Monetary Policy", organizado pelo Banco Central de Dallas em 24 e 25 de maio de 2018.

79 **como disse o economista William Lazonick:** Lazonick caracterizou as recompras como "lucros sem prosperidade" em um artigo na *Harvard Business Review* ("Profits without Prosperity", set. 2014).

80 **renda básica universal:** Dois livros recomendados para saber mais sobre a renda básica universal: *Utopia for Realists: And How We Can Get There*, de Rutger Bregman (Nova York: Little, Brown and Company, 2017) [ed. bras.: *Utopia para realistas: como construir um mundo melhor*. Rio de Janeiro: Sextante, 2018], e *Give People Money: How a Universal Basic Income Would End Poverty, Revolutionize Work, and Remake the World*, de Annie Lowrey (Nova York: Crown, 2018).

80 **conseguir ingressar na força de trabalho:** A base histórica e as estatísticas sobre o crédito estudantil provêm da CNBC ("Why Does a College Degree Cost So Much?", de 2015, e "Student Loan Balances Jump Nearly 150 Percent in a Decade", de 2017).

81 **eleições são decididas quase inteiramente por dinheiro:** O relatório de 2015 sobre a relação entre gastos e resultados eleitorais ("How Money Drives US Congressional Elections: More Evidence") foi escrito por Thomas Ferguson, Paul Jorgensen e Jie Chen e publicado pelo Institute for New Economic Thinking [Instituto para o Novo Pensamento Econômico].

83 **as autorizaram, em 1982:** As regras para a recompra de ações foram alteradas em 1982, quando a Securities and Exchange Commission [Comissão de Valores Mobiliários] aprovou a regra 10b-18, que definia um processo pelo qual as recompras poderiam ocorrer legalmente.

83 **agências em múltiplos estados:** A desregulamentação de bancos em múltiplos estados ocorreu em 1994 com a Lei Riegle--Neal de Operações Bancárias Interestaduais e Eficiência das Agências.

83 **na década seguinte à sua aprovação:** A principal lei de desregulamentação do setor bancário foi a Lei Gramm-Leach-Bliley, de 1999.

85 **investimentos significativos foram feitos:** De acordo com dados orçamentários dos Estados Unidos e com análises da Associação Americana para o Progresso da Ciência, de 1970 a 2016 o investimento em pesquisa e desenvolvimento como percentual do orçamento federal caiu de quase 4% para menos de 2%.

86 **Medalha Nacional de Ciência, observa:** As observações 87 Ralph Gomory sobre as Declarações de Responsabilidade Corporativa do Business Roundtable fazem parte de seu trabalho que documenta a classe maximizadora de forma mais ampla. Em seu site ele hospeda os PDFs de todas as declarações anteriores da Business Roundtable, disponível em: <http://www.ralphgomory.com>.

87 **"atividades de distribuição de produção":** Em *The Value of Everything: Making and Taking in the Global Economy*, de Mariana Mazzucato (p. 160) [ed. port.: *O valor de tudo: fazer e tirar na economia global*. Lisboa: Temas e Debates, 2019].

88 **a remuneração dos executivos aumentou 1.000%:** A estatística sobre o aumento de 1.000% na remuneração dos executivos vem da *Bloomberg Businessweek* ("American CEO Pay Is Soaring, but the Gender Pay Gap Is Drawing the Rage", ago. 2018).

Capítulo 5: A armadilha

91 **Era a *Harvard Business Review*:** Essa capa da *Harvard Business Review* é de out. 2015.

93 **atitudes dos estudantes universitários nos Estados Unidos:** Os relatórios da pesquisa Cirp Freshman, feita pelo Instituto de Pesquisas do Ensino Superior da UCLA, abrangendo desde 1966 até hoje, podem ser encontrados on-line em <https://heri.ucla.edu/publications-tfs/>.

95 **"tem crescido desde então":** Retirado do livro *The Value of Everything: Making and Taking in the Global Economy*, de Mariana Mazzucato (p. 167).

96 **"a ordem da sociedade":** Esta citação vem do terceiro capítulo de outro trabalho importante de Adam Smith, *The Theory of Moral Sentiments*, publicado em 1759 [ed. bras.: *Teoria dos sentimentos morais*. 2ª ed. São Paulo: WMF Martins Fontes, 2015].

97 **como se sentiam em relação a eles:** O estudo dos objetivos de vida se chama "The Path Taken: Consequences of Attaining Intrinsic and Extrinsic Aspirations in Post-College Life", de Christopher P. Niemiec, Richard M. Ryan e Edward L. Deci (2009). Outro estudo, de Tim Kasser e Richard M. Ryan, descobriu que as pessoas eram mais infelizes quando se concentravam em valores extrínsecos (*status*, dinheiro etc.) em vez de valores intrínsecos (autoaceitação, pertencimento, conexão com a comunidade) ("Further Examining the American Dream: Differential Correlates of Intrinsic and Extrinsic Goals", mar. 1996).

98 **"história recente do Vale do Silício":** A reportagem do *The New York Times* sobre a Zenefits foi publicada em 20 set. 2014.

99 **pressionando-o por um crescimento ainda mais rápido:** Dezoito meses depois, o *The New York Times* também noticiou a queda da Zenefits ("Zenefits Scandal Highlights Perils of Hy Pergrowth as Start-Ups", 17 fev. 2016).

99 **"parece ser uma decisão racional":** Os comentários de Andrew Mason sobre o Groupon foram reproduzidos pela *New*

York Magazine ("The Super-Quick Rise and Even Faster Fall of Groupon", out. 2018).

100 **"a parte que nos cabe":** Da *Wired* ("Waymo v. Uber Kicks Off with Travis Kalanick in the Crosshairs", 5 fev. 2018).

100 **envolvimento na interferência eleitoral:** Do *The New York Times* ("Delay, Deny, Deflect: How Facebook's Leaders Fought through Crisis", 14 nov. 2018).

103 **"Somente sob tais condições as empresas e as fábricas irão realmente prosperar":** As citações de Konosuke Matsushita são do livro *Not for Bread Alone: a Business Ethos, a Management Ethic*. [ed. bras.: *Não vivemos somente pelo pão*. 2ª ed. Tokyo: PHP Institute, 1988].

104 **trabalhar cinco dias por semana:** Detalhes sobre a adoção da semana de trabalho de cinco dias na Panasonic estão na história corporativa oficial da Panasonic. As informações sobre as normas trabalhistas no Japão provêm de S. J. Kim, meu sogro, que pesquisou esse assunto no Japão para mim.

Capítulo 6: O que é realmente valioso?

109 **dez pessoas mais ricas do mundo:** De acordo com a lista de bilionários da *Forbes* em 2019.

110 **não podem pagá-los todos os meses:** De um estudo de 2018 do projeto United Way ALICE ("51 Million U.S. Households Can't Afford Basics", 17 maio 2018). O relatório diz que "cerca de 50,8 milhões de famílias, ou 43% das famílias, não conseguem dar conta de um orçamento mensal básico que inclua moradia, alimentação, transporte, cuidados infantis, assistência médica e uma conta mensal de celular, segundo uma análise dos dados governamentais dos Estados Unidos".

110 **voltada para o longo prazo:** Por exemplo, de acordo com um relatório do Departamento do Censo dos EUA, pessoas provenientes de famílias que estão entre as 25% de mais alta renda

têm oito vezes mais chances de obter um diploma universitário do que os provenientes dos 25% de renda mais baixa ("Income and Poverty in the United States: 2014", set. 2015).

112 muito diferente de hoje em dia: Uma amiga minha de 89 anos, chamada Noel Osheroff (que tinha 13 anos quando o artigo de Maslow foi publicado), me contou que foi criada acreditando que as pessoas que tinham dinheiro ou que se preocupavam com dinheiro eram de baixo nível. Isso mostrava que elas não tinham uma boa noção do que importava na vida. Seus valores estavam errados. Em sua lembrança, essa era a postura geral da maioria das pessoas até os anos 1980, quando as atitudes começaram a mudar.

112 bem-estar emocional e renda: O artigo que revelou o limite de 75 mil dólares se intitula "High Income Improves Evaluation of Life but not Emotional Well-Being", de Daniel Kahneman e Angus Deaton, publicado na edição de setembro de 2010 da revista *Proceedings of the National Academy of Sciences of the United States of America*. À medida que os indivíduos ganhavam mais dinheiro, o bem-estar emocional deles aumentava até certo ponto. Depois disso, no entanto, os pesquisadores descobriram que o bem-estar emocional crescia em um ritmo bem mais lento.

113 1 para cada 104 mil pessoas: Esta foi a conta que fiz em relação à força policial pessoal de Jeff Bezos se a segurança fosse distribuída como a renda. Todos os dados estão atualizados até fevereiro de 2019.

Patrimônio líquido total dos Estados Unidos: US$ 123,8 trilhões

Patrimônio total do 1% mais rico: US$ 33,4 trilhões

Patrimônio total de Jeff Bezos: US$ 135 bilhões

Patrimônio total dos 50% mais pobres: US$ 250 bilhões

Aplicando essas proporções aos números do policiamento nos Estados Unidos:

Número total de agentes de polícia (EUA): 775 mil (conforme encontrado em estimativas on-line)

Total de policiais para o 1% mais rico: 209.087

Total de policiais para Jeff Bezos: 845 policiais

Total de policiais para os 50% mais pobres: 1.565 policiais para 163 milhões de pessoas (1 policial para cada 104 mil pessoas).

115 estudo de 1969 da Universidade Carnegie Mellon: O experimento foi conduzido por Edward Deci, o mesmo pesquisador responsável pelo estudo de metas de vida dos estudantes universitários que pesquisou os alunos após se formarem. O artigo que descreve o experimento se chama "Effects of Externally Mediated Rewards on Intrinsic Motivation" e foi publicado na *Journal of Personality and Social Psychology* em 1971.

118 nosso potencial crescerá: Há uma passagem de *Drive* [*Motivação 3.0*] que nunca saiu de minha cabeça desde que a li. Daniel Pink traça um perfil do psicólogo Mihaly Csikszentmihalyi, autor do livro *Flow: The Psychology of Optimal Experience* (Nova York: Harper Perennial, 2007) [ed. port.: *Fluir: a psicologia da experiência óptima. Medidas para melhorar a qualidade de vida.* Lisboa: Relógio D'Água, 2002]. Ele escreve:

> Há vários anos – ele não se lembra exatamente quando –, Csikszentmihalyi foi convidado a ir a Davos, na Suíça, por Klaus Schwab, que dirige um conclave anual da elite global do poder naquela cidade. Junto com ele na viagem estavam outros três membros do corpo docente da Universidade de Chicago – Gary Becker, George Stigler e Milton Friedman –, todos economistas, todos ganhadores do Prêmio Nobel. Os cinco homens se reuniram para jantar uma noite e, no final da refeição, Schwab perguntou aos acadêmicos qual eles consideravam ser a questão mais importante da economia moderna.
>
> "Para minha surpresa incrédula", relatou Csikszentmihalyi, "Becker, Stigler e Friedman acabaram dizendo uma variação de 'falta alguma coisa'"; que, apesar de todo o seu poder explicativo, a economia ainda não era capaz de oferecer uma descrição suficientemente rica do comportamento, mesmo em ambientes empresariais.

118 **"conforme definido acima":** Segundo apresentado por Kuznets ao Congresso: "National Income, 1929-1932", 73ª legislatura do Congresso dos EUA, 2ª sessão, documento do Senado nº 124, p. 5, 1934.

119 **A questão é quanto, não por quê:** As informações históricas sobre o PIB provêm do livro *The Value of Everything*: *Making and Taking in the Global Economy*, de Mariana Mazzucato.

121 **que limpe a casa de outra pessoa:** De acordo com uma estimativa do Instituto Global McKinsey citada no livro *Give People Money*: *How a Universal Basic Income Would End Poverty, Revolutionize Work, and Remake the World*, de Annie Lowrey (Nova York: Crown, 2018).

121 **"Avalie o que importa":** É o título de um livro do investidor de risco John Doerr (*Measure what Matters*: *How Google, Bono, and the Gates Foundation Rock the World with OKRs*. Nova York: Portfolio; Penguin, 2018) [ed. bras.: *Avalie o que importa*: *como o Google, Bono Vox e a Fundação Gates sacudiram o mundo com os OKRs*. Rio de Janeiro: Alta Books, 2019].

Capítulo 7: Bentoísmo

129 **"de acordo com sua natureza":** A citação de Aristóteles sobre o valor é de *Nicomachean Ethics* [ed. bras.: *Ética a Nicômaco*. São Paulo: Martin Claret, 2015].

132 **"vale a pena voltar":** O roteiro de filmagem de *Pulp Fiction*, de Quentin Tarantino, foi encontrado em um site alemão feito por fãs, disponível em: <https://www.pulpfiction.de>.

136 **melhor que o anterior:** Com as exceções de *Magical Mystery Tour*, do Álbum Branco e de *Let It Be*.

139 **Não conseguiram encontrar o projétil:** Os detalhes do assassinato do presidente Garfield provêm de "The Stalking of the President", de Gilbert King, na *Smithsonian*, além de informações relatadas por Sarah Vowell em seu livro *Assassination Vacation* (Nova York: Simon & Schuster, 2005).

140 **a prática da medicina foi uma coisa rotineiramente terrível:** Quando digo "medicina", me refiro à medicina ocidental. As informações sobre sua história provêm de várias fontes, incluindo *Bad Medicine: Doctors Doing Harm Since Hippocrates*, do historiador David Wootton (Oxford; Nova York: Oxford University Press, 2006), que foi inestimável para iluminar a longa idade das trevas da medicina, e *The Emperor of all Maladies: A Biography of Cancer*, de Siddhartha Mukherjee (Londres: Fourth Estate, 2011) [ed. bras.: *O imperador de todos os males: uma biografia do câncer*. São Paulo: Companhia das Letras, 2012], que foi excelente para definir o contexto mais amplo da história da medicina em geral e do câncer em particular.

142 **morriam de infecções pós-cirúrgicas:** Detalhes sobre Ignaz Semmelweis, Joseph Lister e a época em que viveram provêm de *The Doctors' Plague: Germs, Childbed Fever, and the Strange Story of Ignaz Semmelweis*, de Sherwin B. Nuland (Nova York; Londres: W. W. Norton, 2004) [ed. bras.: *A peste dos médicos: germes, febre pós-parto e a estranha história de Ignaz semmelweis*. São Paulo: Companhia das Letras, 2005], e de *Bad Medicine: Doctors Doing Harm Since Hippocrates*, de David Wootton (Oxford; Nova York: Oxford University Press, 2006).

142 **a expectativa de vida quase dobrou:** Do Relatório Semanal de Morbidade e Mortalidade dos Centros de Prevenção e Controle de Doenças dos Estados Unidos ("Achievements in Public Health, 1900-1999: Healthier Mothers and Babies", 1º out. 1999).

143 **"fantasia de uma ciência":** Em *Bad Medicine: Doctors Doing Harm Since Hippocrates*, de Wootton (Oxford; Nova York: Oxford University Press, 2006).

145 **É uma vantagem competitiva:** Para mais informações sobre as raízes filosóficas do bentoísmo, o Apêndice inclui um ensaio chamado "As origens do bentoísmo".

Capítulo 8: Adele sai em turnê

147 **"levando uma vida bem maluca":** A frase de Adele foi extraída de uma entrevista transmitida em 11 dez. 2015 no programa de entrevistas norueguês-sueco *Scavlan.*

148 **A migração dos valores para o valor alterou nossa perspectiva:** As informações sobre as opiniões do setor acerca da revenda de ingressos provêm da *Rolling Stone* ("Is Ticketmaster's New Resale Program Helping or Hurting Fans?", 27 maio 2014).

148 **em troca de taxas adicionais:** Da Canadian Broadcasting Corporation ("'I'm Getting Ripped Off': A Look Inside Ticketmaster's Price-Hiking Bag of Tricks", 18 set. 2018).

148 **estavam fazendo a venda:** *The Wall Street Journal* ("Concert Tickets Get Set Aside, Market Up by Artists, Managers", mar. 2009).

148 **"ir a um show":** As informações sobre as opiniões do setor acerca da revenda de ingressos provêm da *Rolling Stone* ("Is Ticketmaster's New Resale Program Helping or Hurting Fans?", 27 maio 2014).

149 **em vez de recorrerem aos cambistas:** As informações sobre essa colaboração e sobre a economia de 6,5 milhões de dólares para os fãs de Adele nos preços de ingressos provêm da *The Atlantic* ("Adele Versus the Scalpers", 25 dez. 2015).

151 **marcavam mais pontos ao longo do jogo:** O gráfico que analisou a qualidade dos arremessos na NBA foi extraído de um artigo intitulado "Quantifying Shot Quality in the NBA", de Yu--Han Chang, cofundador do Second Spectrum, um serviço que fornece análises detalhadas a times e articulistas da NBA. O estudo foi publicado em 2014 como parte da Conferência Sloan de Análise Esportiva, do MIT. Outras figuras-chave desse movimento foram John Hollinger, Kirk Goldsberry, Martin Manley e Daryl Morey.

153 **pressionou outros artistas a não seguirem o exemplo dela:** Mais tarde naquele ano, o Songkick entrou com uma ação

antitruste na Justiça Federal dos Estados Unidos contra a Live Nation, alegando que o gigante da venda de ingressos usava práticas desleais contra o Songkick, inclusive ameaçando proibir os artistas que usassem sua nova ferramenta de se apresentarem em locais pertencentes à Live Nation. A Live Nation aceitou um acordo, pagando 110 milhões de dólares à Songkick e adquirindo as patentes da tecnologia da Songkick. Fontes: *The New York Times* ("Songkick Sues Live Nation, Saying it Abuses its Market Power", 22 dez. 2015), *The Wall Street Journal* ("Songkick Suing Live Nation Ticketmaster", 22 dez. 2015) e *The New York Times* ("Live Nation Settles Suit with Ticketing Startup, Buying its Assets", 12 jan. 2018).

155 **rede de fast-food mais bem avaliada:** O Chick-fil-A foi eleito o restaurante de fast-food com a melhor classificação no American Customer Satisfaction Index [Índice Americano de Satisfação do Cliente] de 2018.

156 **1 bilhão de dólares por ano:** A estimativa de perda de receita do Chick-fil-A por não abrir aos domingos veio de um cálculo feito por um usuário do Quora, Maxwell Arnold, com base no faturamento anual da empresa.

157 **"trocar de carro ou de bolsa":** O discurso apaixonado do *Mr. Money Mustache* sobre o Fire saiu em uma postagem de seu blog em 22 fev. 2013, intitulada "Getting Rich: From Zero to Hero in One Blog Post".

157 **"estilo de vida luxuoso":** As citações sobre a mulher que vendeu sua BMW e a pessoa que vive abaixo de seus recursos foram tiradas do *The New York Times* ("How to Retire in your 30s with $1 Million in the Bank", 1º set. 2018).

159 **diante das exigências dos acionistas:** O complicado destino da Ben & Jerry's foi bem narrado no livro *Ice Cream Social: The Struggle for the Soul of Ben & Jerry's*, de Brad Edmondson (San Francisco: Berret-Koehler Publishers, 2014), e pelo *The New York*

Times, que citou um dos investidores da empresa: "Achamos horrível que uma empresa não tenha escolha além de ser vendida a quem pagar mais, ou então ser processada" ("Ben & Jerry's to Unilever, with Attitude", 13 abr. 2000).

159 **fundamentos jurídicos da empresa:** Jay Coen Gilbert, Andrew Kassoy e Bart Houlahan foram os criadores do movimento das corporações de benefício público nos Estados Unidos. Esse trabalho começou em 2007, quando os três deixaram seus empregos em um fundo de investimentos privado para promover uma nova categoria corporativa que focaria na geração de valor em longo prazo. Em 2010, pela primeira vez um estado americano legalizou essa nova estrutura. Desde 2018, 35 estados passaram a permitir PBCs. Kickstarter, Patagonia e Method, entre outras, são organizações beneficiadas por seu trabalho no sentido de preencher essa lacuna no valor.

160 **acabar com a desigualdade sistêmica:** A carta de benefícios públicos do Kickstarter pode ser lida na íntegra on-line: <https://www.kickstarter.com/charter>.

160 **um site à parte chamado The Creative Independent:** O endereço do The Creative Independent é <http://www.the-creativeindependent.com>.

161 **Deixa o meu pessoal ir surfar:** As informações sobre o programa de reparos da Patagonia vieram do site da empresa e da *Fast Company* ("Don't Throw that Jacket Away; Patagonia Is Taking its Worn Wear Program on the Road", abr. 2015). Os detalhes das políticas corporativas da Patagonia saíram do livro *Let My People Go Surfing: The Education of a Reluctant Businessman*, de Yvon Chouinard (Nova York: Penguin Press, 2005) [ed. bras.: *Lições de um empresário rebelde*. São Paulo: WMF Martins Fontes, 2015].

161 **"impacto positivo concreto sobre o meio ambiente":** As declarações de benefício público da Patagonia podem ser encontradas em <https://www.patagonia.com/b-lab.html>.

Notas   247

162 **"estamos distribuindo de graça":** A história da borracha biológica deriva de um relatório da Sustainable Brands ("Patagonia Sharing Proprietary Biorubber to Advance Sustainable Surf Industry").

163 **"das fábricas do mundo":** A postagem com que Elon Musk anunciou em seu blog a nova política de patentes da Tesla se intitulava "All Our Patent Are Belong to You", 12 jun. 2014 (<https://www.tesla.com/blog/all-our-patent-are-belong-you>).

Capítulo 9: Como fazer uma parada de mão perfeita

169 **trinta anos que sugerem um ritmo de mudança:** Meu pensamento sobre a teoria da mudança de trinta anos foi despertado pela primeira vez por *Capital in the Twenty-First Century*, de Thomas Piketty (Cambridge, MA: Belknap Press of Harvard University Press, 2014) [ed. bras.: *O capital no século XXI*. Rio de Janeiro: Intrínseca, 2014]. Em especial, sua demonstração do impacto de uma taxa de crescimento de 1% ao longo de trinta anos. Usando contabilidade básica e práticas de gestão financeira, Piketty mostra como uma pequena quantidade de mudança se acelera com o tempo. Eu me perguntava: *será que é isso que está acontecendo ao nosso redor?* Quando comecei a olhar o mundo por esse prisma, passei a acreditar que a mudança era como as taxas de crescimento de capital de Piketty. Exercício, reciclagem, alimentos orgânicos, opiniões sobre o casamento gay, a expansão da maximização financeira e até o hip-hop foram movimentos que começaram como algo minúsculo. Mas, trinta anos depois, haviam se tornado a nova normalidade, com estágios finais de crescimento bastante rápidos.

170 **é um processo contínuo:** Do ensaio de Mannheim, "O problema das gerações", que também faz alusão a trinta anos como um ritmo significativo de mudança. O mesmo ocorre com o filósofo espanhol José Ortega y Gasset, no início do século 20,

segundo o qual uma mudança exige quinze anos de preparação e quinze anos de ação (isso segundo *Generations: A Historical Method*, um livro de seu discípulo Julián Marías, Alabama: University of Alabama Press, 1970). O filósofo francês Auguste Comte também faz essa alusão, na sua coletânea de escritos do século 19, *The Positive Philosophy and the Study of Society*, que encontra na história da França indícios de numerosas mudanças significativas que levaram trinta anos. Uma dissertação de mestrado de Sharon Opal Scully intitulada "The Theory of Generational Change: A Critical Reassessment" foi uma útil visão geral.

170 **observando até se entrosarem:** Imaginamos que um mundo com vidas mais longas seria mais pacífico e idílico. Pode ser o contrário. Num mundo com vidas mais longas, a pista de dança ficaria mais cheia. A geração no poder não teria mais o impedimento da morte iminente para retirá-la da pista. Isso pode levar as sociedades a se tornarem mais conservadoras, com gerações já idosas detendo o poder por mais tempo, e a influência das gerações mais jovens diminuindo.

171 **4,3 pessoas nascem:** As taxas de natalidade e mortalidade vêm do *World Factbook* da CIA.

171 **população como um todo será nova:** Essa afirmação se baseia em projeções do Censo dos Estados Unidos ("Projections of the Size and Composition of the U.S. Population: 2014 to 2060", mar. 2015).

172 **seus métodos sobreviveram aos seus críticos:** As informações sobre o atendimento de Joseph Lister ao novo rei da Inglaterra foram tiradas do blog *Cemetery Club*, mantido por Sheldon K. Goodman, guia na cidade de Westminster ("The Man Who Saved a King", 29 fev. 2016), e de um artigo de Ulrich Tröhler, "Statistics and the British Controversy about the Effects of Joseph Lister's System of Antisepsis for Surgery, 1867-1890", no *Journal of the Royal Society of Medicine*, jul. 2015.

173 o novo se torna normal: A noção de trinta anos como um período de tempo significativo para a mudança também é amparada por uma linha de pensamento chamada "teorias dos ciclos". São teorias sobre padrões repetidos – sejam eles econômicos, sociais ou outros comportamentos históricos – na história humana. Por exemplo, o historiador Arthur Schlesinger Jr. teorizou que o poder político muda da esquerda para a direita e vice-versa a cada quinze anos. Os conservadores ficam no poder por quinze anos antes que os progressistas se contraponham com quinze anos de seu próprio poder. "Cada geração passa seus primeiros quinze anos após a maioridade política desafiando a geração já entrincheirada no poder", escreve ele. "Então a nova geração chega ao poder por mais quinze anos, após os quais suas políticas perdem viço, e a geração seguinte reivindica a sucessão."

Schlesinger escreveu isso em 1939, num ensaio intitulado "Tides of American Politics". Ele traçou esse modelo, retroativa e prospectivamente, com notável precisão. Seu modelo identificou o New Deal e previu a progressista década de 1960 e a conservadora década de 1980. Sua teoria também previa quinze anos de governo progressista a partir de 1990. O que significa que a decisão da Corte Suprema entre Bush e Gore rompeu essa matriz e provocou o caos que foi o mundo desde então. Se Gore tivesse vencido em 2000, a Guerra do Iraque não teria acontecido, o que significa que o deslocamento em massa de pessoas no Oriente Médio não teria acontecido, e Trump e o Brexit provavelmente não teriam acontecido. Mas estou divagando.

Também existem teorias sobre ciclos mais longos. O economista Joseph Schumpeter ficou fascinado com o que chamou de "teoria das ondas longas" – um padrão de crescimento econômico e contração com um intervalo de sessenta anos. São chamadas de ondas de Kondratiev, em homenagem ao economista soviético que as observou pela primeira vez. Schumpeter e outros economistas encontraram evidências de ondas de Kondratiev coincidindo com grandes inovações, da industrialização ao automóvel e à internet. Nesses casos, trinta anos de construção de infraestrutura aconteceram primeiro – como a construção das ferrovias –, e depois um segundo *boom* de trinta anos, quando a nova tecnologia foi utilizada. A internet é outro exemplo disso.

O mais interessante na teoria de Schumpeter é *quando* ocorrem os avanços tecnológicos. Eles não acontecem nos tempos bons. Acontecem em tempos difíceis. Segundo essa teoria, quando não há tanto dinheiro fácil a ser ganho, as pessoas investem em coisas mais arriscadas e de longo prazo. Olhamos para as outras áreas por desespero e por necessidade. Quando o fazemos, encontramos oportunidades.

O argumento otimista a respeito de exercícios, alimentos orgânicos e reciclagem seria que estes são também tendências semelhantes às ondas de Kondratiev. Os primeiros trinta anos foram gastos criando a infraestrutura e fazendo ciência normal. Os trinta anos seguintes serão gastos em levar esses comportamentos à sua capacidade total, transformando-os em novas normas.

Duas outras fontes importantes de informação sobre essa área são os livros *The Structure of Scientific Revolutions*, de Thomas Kuhn (2ª ed. Chicago; Londres: University of Chicago Press, 1970) [ed. bras.: *A estrutura das revoluções científicas*. 13ª ed. São Paulo: Perspectiva, 2018], e *Doubt and Certainty in Science: A Biologist's Reflections on the Brain*, de J. Z. Young (Nova York: Oxford University Press, 1960). O livro de Kuhn é excelente em sua descrição de como os paradigmas e a "ciência normal" – o processo pelo qual testamos e construímos uma nova maneira de ver – criam novas abordagens para o conhecimento. J. Z. Young, um biólogo, explica com detalhes vívidos e convincentes como nosso cérebro aprende e adquire novos conhecimentos. Os antecedentes neurológicos de por que somos como somos.

173 **num artigo da** *Sports Illustrated*: O artigo de John F. Kennedy na *Sports Illustrated*, "The Soft American", foi publicado em 26 dez. 1960.

174 **história da ginástica:** Das memórias de Harold Zinkin intituladas *Remembering Muscle Beach: Where Hard Bodies Began* (Reino Unido: Angel City Press, 1999).

174 **halterofilismo na década de 1960:** Artigo de Arnold Schwarzenegger na CNN ("How I Fought my Way Back to Fitness", dez. 2018).

174 **corria em 1968:** A história sobre Strom Thurmond sendo preso enquanto corria e sobre a corrida como tendência crescente vem de um artigo da *Vox* ("When Running for Exercise Was for Weirdos", 9 ago. 2015).

174 **dez vezes mais:** Do estudo "The Fitness Movement and the Fitness Center Industry, 1960-2000", de Marc Stern.

177 **uma executiva do setor de bebidas em 2000:** A frase sobre água engarrafada é de Susan Wellington, então presidente da divisão de bebidas da Quaker Oats Company nos Estados Unidos, conforme relatado no livro *Bottled and Sold: The Story Behind Our Obsession with Bottled Water*, de Peter H. Gleick (Washington, DC: Island Press, 2010).

177 **sincera, porém deprimente:** A notícia de que Londres instalaria novos bebedouros foi encontrada no *The Guardian* ("First of London's New Drinking Fountains Revealed", 25 mar. 2018).

178 **obter resultados instantâneos:** Alguém poderia contra-argumentar dizendo: "E Trump? E o Brexit? Não são exemplos de resultados instantâneos e visíveis?". Certamente. Mas também acho que algumas dessas são mudanças violentas. Mudanças realizadas *sobre* as pessoas, em vez de negociadas entre elas ao longo do tempo. Não é desse tipo de mudança que precisamos.

179 **faltavam 35 anos:** As previsões futurísticas de Isaac Asimov foram publicadas no jornal canadense *The Star* ("35 Years Ago,

Isaac Asimov Was Asked by the *Star* to Predict the World of 2019. Here Is What He Wrote", 27 dez. 2018).

Capítulo 10: A classe maximizadora de valores

182 **"necessidade econômica em direção à luz do dia":** As palavras de John Maynard Keynes sobre a natureza do capitalismo vêm do ensaio "Economic Possibilities for our Grandchildren", incluído em uma coletânea de textos de Keynes chamada *Essays in Persuasion* (Basingstoke; Nova York: Palgrave Macmillan, 2010).

184 **271 vezes mais que o trabalhador médio:** Da *Fortune* ("CEO Pay: Top Execs Make 271 Times More than Workers", 20 jul. 2017).

184 **17º lugar em 2018:** Da *U.S. News & World Report* ("Quality of Life", índice de 2018).

185 **Deserto de Atacama, no Chile:** As informações sobre os mineiros chilenos vieram da NPR ("The Incredible Story of Chilean Miners Rescued from the 'Deep Down Dark'", 29 out. 2014), do livro *Deep Down Dark: The Untold Stories of 33 Men Burled in a Chilean Mine, and the Miracle that Set them Free*, de Héctor Tobar (Nova York: Farrar, Straus and Giroux, 2014) [ed. bras.: *Na escuridão*. Rio de Janeiro: Objetiva, 2015], e de um estudo de caso feito na Harvard Business School ("The 2010 Chilean Mining Rescue", out. 2014, por Amy C. Edmondson, Faaiza Rashid e Herman "Dutch" Leonard).

186 **encontraram o caminho para sobreviver:** Outra notável exploração da tensão entre nossas responsabilidades individuais e coletivas vem de um livro altamente recomendado, chamado *Small Is Beautiful: Economics as if People Mattered*, de E. F. Schumacher (Nova York: Harper Perennial, 2010 [ed. bras.: *O negócio é ser pequeno: um estudo de economia que leva em conta as pessoas*. Rio de Janeiro: Zahar, 1983]. Escreve ele:

Em nenhum lugar essa dicotomia [entre o indivíduo e o coletivo] é mais perceptível do que em relação ao uso da terra. O agricultor é considerado simplesmente um produtor que precisa cortar seus custos e aumentar sua eficiência usando todos os dispositivos possíveis, mesmo que destrua – para o homem como consumidor – a saúde do solo e a beleza da paisagem, e mesmo se o efeito final for o despovoamento da terra e a superlotação das cidades. Atualmente, existem grandes agricultores, horticultores, produtores e fabricantes de alimentos que jamais pensariam em consumir seus próprios produtos. "Felizmente", dizem eles, "temos dinheiro suficiente para comprar produtos cultivados organicamente, sem o uso de venenos". Quando questionados sobre por que eles próprios não aderem a métodos orgânicos e evitam o uso de substâncias tóxicas, eles respondem que não poderiam se dar a esse luxo. O que o homem como produtor pode bancar é uma coisa; o que o homem como consumidor pode bancar é outra bem diferente. Mas, como os dois são o mesmo homem, a questão sobre o que o homem – ou a sociedade – pode realmente bancar gera uma confusão sem fim.

Outra convincente linha de pensamento sobre isso vem do cineasta Adam Curtis numa entrevista que fiz com ele para o *The Creative Independent* ("Adam Curtis on the Danger of Self--Expression", 14 mar. 2017):

Se você quer tornar o mundo um lugar melhor, tem que começar por onde o poder foi parar. É muito difícil de ver. Vivemos num mundo onde nos enxergamos como indivíduos independentes. Se você é um indivíduo independente, não pensa em termos de poder. Pensa apenas em termos de sua própria influência no mundo.

O que você não vê é o que as pessoas no passado eram mais capazes de ver. Quando você está em grupos, pode ser muito poderoso. É capaz de mudar as coisas. Quando as coisas dão errado, você tem uma confiança que não teria se estivesse sozinho. É por isso que todo o conceito de poder diminuiu. Somos incentivados a falar apenas sobre nós mesmos e nossos sentimentos em relação aos outros. Não somos incentivados a nos ver como parte de nada.

Mas os computadores sabem a verdade. Eles nos veem como um grupo. Na verdade, somos bem parecidos uns com os outros. Temos os mesmos desejos, ambições e medos. Os computadores identificam isso através de correlações e padrões.

Os computadores podem nos ver como grandes grupos, mas são carrancudos e só nos agregam para vender coisas. Na verdade, os computadores fornecem uma grande visão do poder da identidade comum entre os grupos. Ninguém está usando isso. Os computadores estão sentados em cima de uma forma de ver novos grupos e novas identidades comuns entre as pessoas.

188 **pedaço de papel em branco:** Para uma experiência guiada sobre como criar seu próprio bentô, visite: <https://www.ystrickler.com/bento>.

197 **"missão laica para o mundo":** Do livro de Konosuke Matsushita, *Not for Bread Alone*: a Business Ethos, a Management Ethic. Tokyo: PHP Institute, 1984.

198 **leva ao segundo andar:** A ideia de que os bancos estariam no segundo andar em 2050 foi inspirada por uma mulher chamada Gale Brewer. Em 2012, como vereadora em Nova York, ela introduziu uma alteração na lei de zoneamento que limitava a metragem de fachadas comerciais que os bancos poderiam ocupar no Upper East Side de Manhattan, a área que ela representava. Isso levou os bancos a instalarem suas agências no segundo andar dos edifícios, em vez de no térreo, com entradas menores dando para as ruas. Uma solução simples e inspirada.

206 **sem a influência geracional:** David Hume escreveu "Do contrato original" em 1752. Descobri o experimento de Hume no

ensaio "O problema das gerações", de Karl Mannheim. Segundo Mannheim:

> Suponha, disse [Hume], que o tipo de sucessão das gerações humanas fosse completamente alterado para se parecer com o de uma borboleta ou lagarta, de modo que a geração mais velha desaparecesse de um só golpe, e a nova nascesse toda de uma só vez. Além disso, suponha que o homem tivesse um nível tão alto de desenvolvimento mental que fosse capaz de escolher racionalmente a forma de governo mais adequada para si. (Esse era, obviamente, o principal problema da época de Hume.) Dadas essas condições, disse ele, seria possível e adequado que cada geração, sem referência aos modos de seus ancestrais, escolhesse do zero sua própria forma particular de Estado. Só por ser a humanidade como é – geração após geração em um fluxo contínuo, de modo que sempre que uma pessoa morre outra nasce para substituí-la – achamos necessário preservar a continuidade de nossas formas de governo. Hume, assim, traduz o princípio da continuidade política para os termos da continuidade biológica das gerações.